MA...
INSÓLITA
Y SECRETA

Verónica Ramírez Muro

Con la colaboración especial de Natalia Pianzola

Fotos: Manuel Vázquez

Jonglez

Ha sido un verdadero placer para nosotros elaborar la guía *Madrid insólita y secreta* y esperamos que le sirva de ayuda para seguir descubriendo aspectos insólitos, secretos o aún desconocidos de la capital española. La descripción de algunos de los lugares se acompaña de unos recuadros temáticos que mencionan aspectos históricos o cuentan anécdotas permitiendo así entender la ciudad en toda su complejidad. *Madrid insólita y secreta* señala los numerosos detalles de muchos de los lugares que frecuentamos a diario y en los que no nos solemos fijar. Son una invitación a observar con mayor atención el paisaje urbano y, de una forma más general, un medio para que descubran nuestra ciudad con la misma curiosidad y ganas con que viajan a otros lugares…

Cualquier comentario sobre la guía o información sobre lugares no mencionados en la misma serán bienvenidos. Nos permitirá completar las futuras ediciones.

No duden en escribirnos:
• Editorial Jonglez, 17, boulevard du roi, 78000 Versailles, Francia
• E-mail : info@editorialjonglez.com

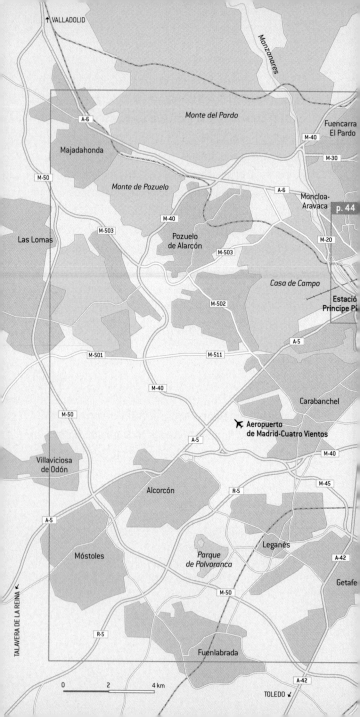

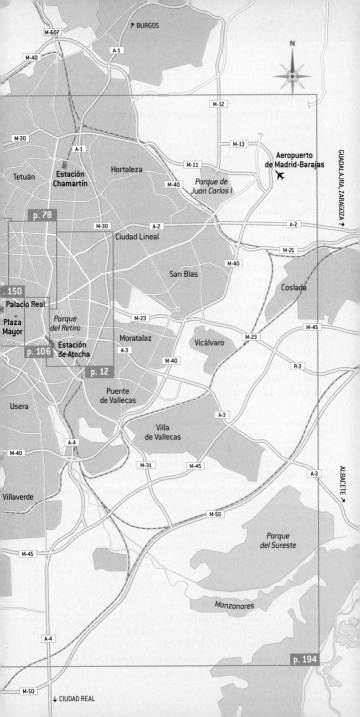

ÍNDICE GENERAL

NORTE

CENTRO-ESTE

ÍNDICE GENERAL

CENTRO-OESTE

ALREDEDORES

ÍNDICE

ESTE

COLONIA MADRID MODERNO

Barrio La Guindalera
Calles Cardenal Beluga, Roma, Avenida Toreros, Cartagena, Francisco
Navacerrada, Campañar y Ruiz Perelló
• Metro Ventas

> *Un viaje arquitectónico en el tiempo*

Pasear por algunas calles del barrio de La Guindalera es retroceder en el tiempo y encontrarse con un Madrid único. Las casas que componen este barrio destacan por su originalidad. Son viviendas unifamiliares, algunas de estilo neomudéjar, como las que se ubican en las calles Roma y Cardenal Beluga.

Se tardó 25 años, por lo menos, en terminar la construcción de este barrio. La primera fase del proyecto data de 1890. La tercera y última fase es de estilo modernista y fue llevada a cabo en 1905 por el arquitecto Valentín Roca Carbonell. Este proyecto, denominado Madrid Moderno, fue iniciativa del arquitecto Julián Marín, pero sufrió diversos inconvenientes legales que retrasaron las obras muchos años provocando la mezcla de estilos arquitectónicos.

Las casas se agrupan en hileras. Las de la primera fase cuentan con torreones circulares de estilo neomudéjar, con un pequeño jardín y fachadas de ladrillos y azulejos. Para el resto no hay un criterio de homogeneidad, lo cual generó muchas críticas que apuntaron al mal gusto del barrio y a la falta de planificación. Sin embargo, un siglo después, las casas que se han logrado mantener en pie resultan extremadamente curiosas, sobre todo las de la calle Castelar, conocida como la calle "de los hotelitos". Lamentablemente, muchas de ellas han cedido terreno a la fuerte presión inmobiliaria.

MADRID DESDE TORRES BLANCAS: EL CUADRO MÁS CARO DE UN ARTISTA ESPAÑOL VIVO

El edificio Torres Blancas (Avenida de América, 37 - Metro Cartagena) sirvió de inspiración para que Antonio López pintara el cuadro *Madrid desde Torres Blancas*, que lo convirtió en el artista español vivo mejor cotizado. En 2008, este cuadro fue subastado por más de un millón y medio de euros.

Otra de las anécdotas de este edificio de color gris es que el plan original era proyectar dos torres de mármol blanco. Sin embargo, el presupuesto no alcanzó y no pudieron darle el toque final al edificio.

Torres Blancas fue una iniciativa de Juan Huarte, empresario y mecenas español dispuesto a romper con las convenciones arquitectónicas de la época. En 1961, el proyecto fue concedido al arquitecto Javier Sáez de Oiza, quien creó este rascacielos de forma orgánica que respira vida, un edificio de 21 plantas que parece un árbol gigante con unas grandes terrazas circulares.

Este singular edificio también se ha convertido en el escenario principal de la última película de Jim Jarmusch, *Los límites del control*.

PILA BAUTISMAL REAL

Monasterio Santo Domingo el Real
Claudio Coello, 112
• Tel.: 91 563 55 42
• Horario sugerido para no interrumpir la misa: de 10 a 12h y de 16 a 18h
• Entrada gratuita
• Metro Núñez de Balboa

> **¿La pila bautismal de Santo Domingo?**

L a pila donde se cree que fue bautizado Santo Domingo de Guzmán en 1170 es la misma que utiliza la Casa Real para cristianar a los herederos de la corona española. En la actualidad la custodian las monjas dominicas de Santo Domingo el Real, en el barrio de Salamanca. Este sencillo y austero edificio de ladrillo rojo cuenta con un camarín reservado para la pila, a la que se accede por el lateral derecho de la iglesia. Aquí permanece hasta que un bautizo real obliga a su traslado para el acto sacramental.

La tradición del sagrado recipiente se remonta al siglo XVII cuando Felipe III lo trasladó a Valladolid para bautizar a su hijo, Felipe IV. El título de "Real" fue otorgado por Fernando III el Santo quien, al conocer la canonización de Domingo de Guzmán, le concedió este carácter, destinando su uso exclusivamente a los herederos de la realeza. Esta reliquia fue uno de los objetos que sobrevivieron al expolio del original Monasterio de Santo Domingo, levantado en 1218 en la actual plaza de igual nombre en el centro de Madrid. Del derribo forzado por los daños sufridos durante la Guerra de la Independencia, en 1808, y posteriormente durante el sexenio revolucionario (1868-1874), pasó al nuevo edificio situado en la calle de Claudio Coello.

La pieza es románica, de piedra blanca, engastada en plata con dorados y repujada con los emblemas de la orden dominica, además de las armas reales. Este recubrimiento data del año 1771 y fueron necesarias 174 onzas de plata (unos seis kilos aproximadamente).

La costumbre real hizo que la pila no regresara a Caleruega (Burgos), cuna del santo, permaneciendo por orden de Fernando III en Madrid; primero en el antiguo monasterio y después, en el actual, en Santo Domingo el Real. Sólo sale de su camarín para el ritual del sacramento real. Algunos traslados notorios llegaron a Valladolid, Sevilla, La Granja (Segovia), El Pardo, el Palacio Real y el Palacio de la Zarzuela.

Los últimos traslados se llevaron a cabo para el bautizo de las infantas Leonor y Sofía, hijas de los Príncipes de Asturias. Toda la documentación relativa a estos traslados queda anotada en el registro del Monasterio.

El rey Juan Carlos I no fue bautizado en esta pila, pues durante su primera infancia la Familia Real estaba exiliada en Roma. Por ello fue bautizado en la Capilla de la Orden de Malta, en la Santa Sede.

LA CORNISA DESCONCHADA DE LA CALLE CLAUDIO COELLO

3

Claudio Coello, 104
• Metro Rubén Darío

E n el número 104 de la calle Claudio Coello una placa conmemora el asesinato del almirante Luis Carrero Blanco, presidente de Gobierno con todas las papeletas para suceder al entonces senil Franco, el 20 de diciembre de 1973.

Esa mañana, Carrero Blanco fue a misa, como todos los días, a la iglesia de los Jesuitas de la calle Serrano. Nada hacía sospechar que la persona que esperaba detrás de él para comulgar era Arriaga, un miembro de ETA que llevaba meses planeando su asesinato.

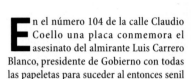

La explosión que hizo volar el coche de Carrero Blanco por encima de un edificio de cinco pisos

El coche de Carrero salió de la iglesia rumbo a su domicilio y, al pasar por la calle Claudio Coello, voló por los aires.

Unas grietas en el asfalto recuerdan el socavón producto de la explosión que hizo volar el coche por encima de un edificio de cinco pisos para luego caer en el patio interior. En lo alto del mismo edificio se puede ver la cornisa algo desconchada por el impacto del coche y, al nivel del suelo, la ventana del semisótano desde donde los miembros de ETA excavaron un túnel hasta el centro de la calzada, donde colocaron los 100 kilos de Goma-2 que acabaron con la vida de Carrero Blanco, su guardaespaldas y el chofer. El semisótano fue alquilado por un supuesto escultor. De esta manera justificaron el ruido de la taladradora al excavar el túnel donde colocarían la bomba, y la entrada y

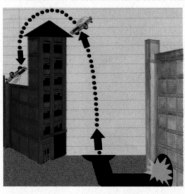

salida de sacos de arena sin que los vecinos sospecharan que algo raro estaba ocurriendo. Operación Ogro fue el nombre en clave que ETA utilizó para planear el magnicidio. Por su cercanía a la embajada de Estados Unidos, en un principio se sospechó que la CIA podía haber estado involucrada, pero ETA se atribuyó el atentado que cambió el escenario político español.

EL RUBENS DE LA FUNDACIÓN CARLOS DE AMBERES

Calle Claudio Coello, 99
- Tel.: 91 435 22 01
- Horario: de lunes a viernes de 9 a 14h y de 17 a 20h
- Metro Núñez de Balboa

Un Rubens en la Capilla de San Andrés de los Flamencos

El cuadro *El martirio de San Andrés* del pintor barroco Peter Paul Rubens es el gran tesoro desconocido que guarda la Fundación Carlos de Amberes. La historia de esta institución comienza en 1594, cuando Carlos de Amberes cedió varios inmuebles de la calle San Marcos para la creación de un hospicio que albergase a peregrinos y necesitados provenientes de los Países Bajos. Así nació, en 1606, el Hospital de San Andrés de los Flamencos, con su correspondiente capilla. El edificio original fue derribado en 1848, y la nueva sede se construyó en su enclave actual, en 1877. Hoy los dos pabellones del antiguo hospital están destinados a acoger diversas actividades culturales, y también la iglesia, de cruz latina, con una nave abovedada, sirve como sala de exposiciones. Aún se conservan la tribuna o coro alto, y el espacio del antiguo altar mayor. Allí se encuentra la maravillosa obra de arte de Rubens, que mantiene el marco original que fabricaron los ebanistas Abraham Lers y Julien Beymar, criados de Felipe IV. Fruto de un encargo realizado en 1635 por un agente de la Imprenta Platiniana de Amberes, uno de los benefactores de la institución, esta joya pictórica adorna el altar mayor de la iglesia de San Andrés de los Flamencos.

Perteneciente a la última etapa del maestro flamenco, representa con gran dramatismo un fragmento del martirio de San Andrés descrito en la *Leyenda dorada* de Jacobo de la Vorágine. El santo aparece crucificado en la clásica cruz en aspa, en el momento en que está siendo atado por los sayones, mientras dos mujeres imploran a sus pies y un soldado a caballo señala al mártir. Se trata del pasaje en el que San Andrés, según Jacobo, se niega a ser liberado con las siguientes palabras: "¿A qué vienes? Si es para pedir perdón, lo obtendrás, pero si es para desatarme y dejarme libre, no te molestes, ya es tarde…". Los tonos, la iluminación y la expresividad de los rostros conforman una obra de gran belleza.

La fundación, una de las más antiguas instituciones privadas europeas sin ánimo de lucro, fomenta el intercambio cultural con las antiguas provincias de Flandes, y en su sede se llevan a cabo exposiciones de arte, conciertos de música antigua y jazz, seminarios y publicaciones. Desde que Felipe III aceptara su patronazgo a principios del siglo XVII, este cargo ha sido heredado por tradición hasta la actual monarquía española.

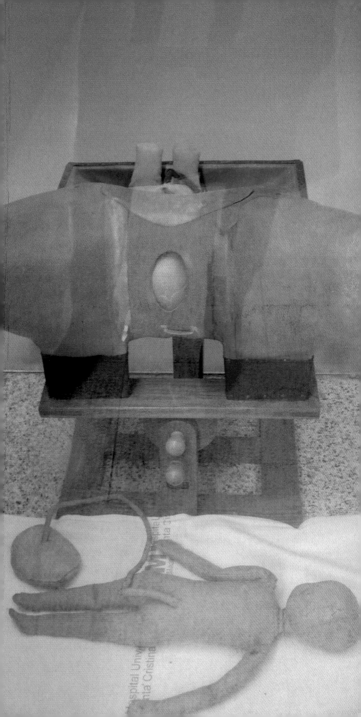

COLECCIÓN PRIVADA DE LA ANTIGUA ESCUELA DE MATRONAS Y CASA DE SALUD ❺

Hospital Santa Cristina
Calle Maestro Vives, 2
• Metro O´Donnell
• Pedir permiso en el vestíbulo

Un antiguo simulador de partos

Para el visitante ávido de curiosidades científicas, el hospital de Santa Cristina es una parada obligatoria pues alberga, desde mediados de los años noventa, una insólita colección de instrumentos quirúrgicos y recuerdos de la antigua Escuela de Matronas y Casa de Salud. En una vitrina se pueden ver los fórceps, tenazas y pinzas de la época, además de un artefacto que simula la dilatación de la pelvis y recrea un parto con un muñeco. También se pueden ver las fichas de las trabajadoras de entonces, de aquellas matronas que solían asistir a las parturientas en sus propias casas. Entonces no se acostumbraba acudir a un hospital para dar a luz, se paría en la intimidad del hogar con todos los riesgos que ello implicaba. Fue por ello que el rey Alfonso XII y la reina María Cristina impulsaron la construcción de un centro especializado en maternidad y una escuela para la formación profesional de las matronas. Fue la propia reina quien solicitó a las damas de la nobleza que parieran aquí para que el resto de las ciudadanas siguieran el ejemplo.

El hospital fue construido entre 1904 y 1924 por Luis Landecho y Jordán de Urríes, quienes diseñaron un edificio de cuatro pabellones para atender un promedio de mil partos anuales, además de un lugar donde las matronas pudieran vivir, trabajar y estudiar al mismo tiempo.

EN LOS ALREDEDORES :

LA CASA DE LAS ABEJAS ❻

En el número 47 de la calle del Doctor Esquerdo se ubica la "Casa de las Abejas", llamada así porque en la fachada se puede ver un enorme enjambre de abejas saliendo de una colmena. Esta peculiar fachada pertenece a La Moderna Apicultura, una tienda fundada en 1925 que adoptó el término "moderna" por la corriente (Modernismo) en boga en aquel entonces. El edificio empezó a construirse en 1919 y es obra del arquitecto Secundino Zuazo por encargo del adinerado Antonio Garay Vitorica. La Moderna Apicultura fue la primera fábrica de miel en España y la proveedora de la Casa Real. Con el tiempo, la antigua fábrica cerró sus puertas y sólo quedó la tienda y el almacén donde filtran y envasan la miel. La tienda tiene un encanto especial pues ha mantenido parte del mobiliario original y, sobre todo, la manera artesanal de preparar los más de veinte tipos de mieles que venden.

VISITA PRIVADA A LA BIBLIOTECA NACIONAL ❼
DE ESPAÑA

Paseo de Recoletos, 20
• Tel.: 91 580 77 59
• Horario: viernes a las 17h
• Jornada de puertas abiertas en torno al 23 de abril
• Metro Colón

> *Una visita*
> *excepcional*
> *a una biblioteca*
> *de acceso*
> *restringido*

Los viernes, a las cinco de la tarde y previa reserva telefónica, es posible visitar la Biblioteca Nacional de España, un lugar acostumbrado a recibir únicamente a miembros e investigadores. El recorrido por las instalaciones de este edificio monumental, construido en 1866 por Francisco Jareño, se inicia frente a la emblemática estatua de Alfonso X El Sabio con una explicación sobre los antecedentes del recinto.

Aunque en 1712 Felipe V ya había decretado un privilegio real para garantizar una larga vida a los libros, la Biblioteca Nacional abrió oficialmente sus puertas el 16 de marzo de 1896. Este privilegio, que viene a ser el precedente del depósito legal, consistía en que las imprentas debían depositar un ejemplar de todos los libros impresos en España para que fueran almacenados en la entonces Biblioteca Pública de Palacio, que en 1836 cambió su nombre por el de Biblioteca Nacional.

La visita continúa en el Museo de la Biblioteca Nacional, ubicado en la planta baja. El recorrido dura una hora y media aproximadamente y se explica la historia del libro, desde los primeros años de la imprenta. Luego se hace un breve resumen de las joyas bibliográficas que conservan, como es el caso del Códice de Metz, un manuscrito del siglo IX que es a la vez un calendario

astronómico, un manual de cómputo y un tratado de astronomía. O un ejemplar del Catholicon, de Johannes Balbus, impreso en 1460 probablemente en la imprenta de Gutenberg.

Posteriormente, el visitante, a través de una serie de vídeos, imágenes y objetos, se puede hacer una buena idea de cómo es el trabajo dentro de una biblioteca, de cuáles son los métodos para catalogar y almacenar los más de 20 millones de libros que custodian, y de cómo estos métodos han ido evolucionando con el tiempo.

Las salas especializadas, que conservan manuscritos, incunables, mapas o códices, se pueden visitar pero sólo si se justifica algún tipo de relación con el mundo del libro (profesionales, estudiantes o aficionados).

En torno al 23 de abril se realiza una jornada de puertas abiertas, que incluye un recorrido muy completo por todas las instalaciones.

SÍMBOLOS OCULTOS DE LA FUENTE DE CIBELES ❽

Plaza de Cibeles
• Metro Banco de España

> ### *Del origen de la relación entre Cibeles y el oso del emblema madrileño...*

Cibeles, Cibele o Cíbele era una diosa originaria de Frigia, también llamada "Madre de Dioses" o "Diosa Madre" y símbolo de la fertilidad de la Naturaleza. Su culto se inició en Asia Menor, difundiéndose por la Grecia Antigua con el nombre de *Potnia Theron*, o "Señora de los Animales", y llegó a Roma aproximadamente en el año 204 a.C. Fue asumida como la divinidad del ciclo vida-muerte-renacimiento debido a la resurrección de Atis, un semidiós y supuesto amante de la diosa, relacionado con el ritual del sangriento sacrificio de un toro, símbolo de la fecundidad en la Naturaleza, algo así como la "Divinidad sacrificada en manos del hombre".

Según los griegos, la diosa era una encarnación de Gea o Mater Rea, la Madre Tierra, la manifestación de la Naturaleza. Frecuentemente representada sobre un muro de relativa altura y subida en un carro tirado por leones, su culto original era una estricta celebración de la fertilidad que, después, se degradó en manifestaciones orgiásticas.

Es así como Cibeles, la diosa de la Tierra, hija del Cielo, esposa de Saturno, madre de Júpiter, de Neptuno (cuya fuente fue construida frente a la de Cibeles para luego ser desmontada y trasladada a la plaza Cánovas del Castillo) y de Plutón es el símbolo de la energía vital concentrada en la Tierra. Engendró a dioses de los cuatro elementos naturales (aire, fuego, agua, tierra), y es la fuente

primordial de toda fecundidad.

Su carro es tirado por leones, lo que significa que ella domina, ordena y dirige la potencia vital. Muchas veces aparece coronando un muro (señalando el *genius loci* o "espíritu protector del lugar", culto instituido por los romanos), con una estrella de siete puntas o una luna creciente, señales de su poder sobre la evolución biológica.

El símbolo lunar asocia a Cibeles al astro nocturno, que a su vez está relacionado con el oso, protagonista de la heráldica madrileña que también ocupó un lugar en la plaza hasta 1895, año en que la fuente (construida por Ventura Rodríguez entre 1777 y 1782)

sufrió unas reformas profundas que alteraron su aspecto original. Según la mitología griega la divinidad lunar adoptaba comúnmente la forma de un oso o una osa cuando aparecía en los ritos que celebraban la fecundidad de la Madre Tierra, gracias a las sinuosas corrientes telúricas, lo que fue representado en esta misma fuente con la imagen de una serpiente.

La transformación de Cibeles en oso u osa significa que la diosa es la madre soberana de todos los poderes materiales del mundo. Por ello los romanos la adoraban bajo la forma de una piedra negra cuadrada, que más tarde evolucionó en un carro, o cuadrado móvil, es decir con ruedas, lo cual es símbolo de la propia evolución de la Madre Tierra.

En la estatua original de la Cibeles madrileña también aparecía un grifo de piedra. La presencia de este animal fabuloso, con pico y alas de águila y cuerpo de león, expresa la duplicidad de la naturaleza humana y divina de Cibeles, como madre de la Tierra e hija del Cielo. Este animal también conecta el poder terrestre del león con la energía celeste del águila: de este modo, se inscribe en la simbología general de las fuerzas de salvación, que también evocan la doble condición divina de fuerza y sabiduría. En esta fuente se ve representado por el cetro de Cibeles y la llave que lleva en la mano.

También es probable que la piedra negra y, después, el carro solar (el león es símbolo del Sol) de Cibeles guarden alguna relación con la Piedra Negra del Islam (la Kaaba) y la Merkaba (trono-carroza de la tradición judía), e incluso con la Piedra Angular en los templos cristianos.

Las actuales corridas de toros encuentran una raíz profunda en el rito ancestral del sangriento sacrificio de un toro, relacionado con Atis, amante de Cibeles.

LA PIEDRA TALLADA DE LA PLAZA DE LA INDEPENDENCIA

9

Plaza de la Independencia
• Metro Retiro

> *La piedra que recuerda el antiguo paso de rebaños...*

En plena Plaza de la Independencia, a pocos metros de la entrada a los Jardines del Buen Retiro, se puede ver una piedra tallada que lleva una curiosa inscripción: Cañada 7523 M.

¿Cuál es el significado de esta inscripción?

Para buscar su significado es necesario remontarse al reinado de Eurico (año 504), quien dictó las primeras disposiciones con respecto a los desplazamientos de rebaños cuando Madrid y sus alrededores eran todavía un campo abierto. Sin embargo fue en la Edad Media cuando Alfonso X otorgó ciertos privilegios a los pastores, como eximirles del servicio militar o de testificar en los juicios, y reguló los caminos o vías pecuarias que permitían el paso de los rebaños de ovejas trashumantes (ver recuadro). De hecho, antiguamente, los rebaños pasaban por la calle de Alcalá, e incluso por debajo de la Puerta de Alcalá, es por eso por lo que todavía hoy mantiene la categoría de cañada real. De ahí la inscripción en la piedra: Cañada y la cifra 7523 M, que se refiere a la anchura que tenía dicha cañada.

Una de las funciones que cumplían los mojones que marcaban la ruta de la cañada real era la de delimitar el territorio para que ninguna propiedad o construcción pudiera interrumpir el paso de los rebaños por los 75 metros de anchura aproximados. Lamentablemente, con el tiempo la mayoría de cañadas reales fueron quedando en desuso debido al crecimiento de las ciudades y a la sustitución de alimentos naturales por pienso.

La trashumancia se iniciaba después del esquileo, a partir de mayo, prolongándose hasta finales de junio. La distancia recorrida era variable pero solía ser de unos 20 kilómetros diarios. A su paso, los pastores sólo tenían prohibido el paso de sus rebaños por las dehesas, los prados de siega, los viñedos, los trigales y los huertos.

Con el tiempo esta costumbre casi ha desaparecido aunque, afortunadamente, muchas de las cañadas reales han sido rescatadas por los ciclistas de montaña y caminantes para el disfrute de la naturaleza.

OVEJAS EN LA CIUDAD

Desde 1994, el último domingo del mes de octubre, cerca de un millar de ovejas invaden el centro de Madrid ante la mirada atónita de turistas y vecinos. Las calles de Madrid se cierran al tráfico para que el rebaño pueda recorrer sin problemas el trayecto comprendido entre la Casa de Campo y la Plaza de Cibeles. De esta manera, reproducen en la ciudad lo que ocurre en el campo: la trashumancia, que se realiza desde hace siglos a lo largo de las llamadas cañadas reales.

LAS BISAGRAS DE LA ANTIGUA PUERTA DE ALCALÁ

A unque ahora es un monumento, la Puerta de Alcalá fue concebida como una auténtica puerta y funcionó como tal hasta 1869. Antiguamente había una cerca de hierro de la que todavía se pueden ver algunas de las bisagras que permitían abrir y cerrar la puerta. Durante el día se abría para

> *Una auténtica puerta que permitía el acceso a la ciudad*

el paso de la gente y al atardecer se cerraba con el fin de mantener el control de la ciudad.

¿POR QUÉ LA PUERTA DE ALCALÁ TIENE DOS CARAS DISTINTAS?

La Puerta de Alcalá presenta una particularidad muy poco conocida, incluso entre quienes se detienen a mirarla: la cara este no guarda ninguna relación con la oeste. El motivo está relacionado con un malentendido entre Carlos III y el arquitecto Francesco Sabatini.

En 1769, Carlos III encargó la construcción de una nueva puerta porque la antigua le parecía "poco monumental". Se presentaron a concurso tres arquitectos: Ventura Rodríguez presentó cinco proyectos; José de Hermosilla sólo uno, y Francesco Sabatini, dos, ambos inspirados en la arquitectura barroca romana. Sabatini fue elegido y en 1776 empezó la construcción del monumento que finalizó dos años después. Pero surgió una pequeña confusión. A Sabatini no le quedó claro cuál de las dos propuestas le había gustado más al rey, quien manifestó su predilección por ambos dibujos, así que tomó una decisión salomónica e hizo las dos. Mientras que la cara este tiene diez columnas de granito, la oeste tiene seis (el resto son pilastras). Las esculturas que la coronan también son muy diferentes. En la cara este hay figuras humanas y en la oeste, estandartes. Para labrar los detalles se contrató a los mejores escultores de la época: Francisco Gutiérrez y Roberto Michel. Ellos fueron los encargados de darle forma a los leones (que aluden a la realeza), a las cornucopias (alegoría de la prosperidad y de la abundancia), al escudo de las armas reales sostenido por una Fama y un genio, y a los niños sobre la cornisa (representantes de las cuatro virtudes cardinales: Fortaleza, Templanza, Justicia y Prudencia).

LA NORIA DE LA REAL FÁBRICA DE PORCELANA DEL BUEN RETIRO

⓫

Paseo Duque de Fernán Núñez
Entre la glorieta y la puerta del Ángel Caído
• Metro Retiro

> *Una noria de madera de 1760*

En un rincón de El Retiro descansa una vieja noria de madera cuya función actual es recordar la Real Fábrica de Porcelana del Buen Retiro, popularmente conocida como "La China". Este tipo de noria es conocida como noria "de tiro" o "de sangre" pues requería la fuerza de un animal para elevar el agua que surtía a la antigua fábrica. La noria es el único vestigio de la enorme fábrica y fue descubierta durante unas excavaciones arqueológicas, casi 200 años después de que la fábrica cerrara sus puertas o, mejor dicho, quedara prácticamente destruida en la Guerra de la Independencia.

La Real Fábrica de Porcelana fue construida por expresa voluntad de Carlos III en 1760, y siempre operó bajo el secretismo más absoluto para que nadie supiera la fórmula de sus exquisitas piezas. Carlos III importó varias fórmulas de Italia (Capodimonte) pues durante su reinado en Nápoles y Sicilia cultivó una verdadera pasión por la porcelana.

La porcelana se importaba antes de China, donde guardaban celosamente el secreto de su elaboración. A principios del siglo XVIII, Augusto III auspició el establecimiento de la primera fábrica de porcelana en Europa en Meissen, luego vendrían la de Sèvres en Francia y la de Wedgwood en Inglaterra. Augusto III era suegro de Carlos III y su pasión por la porcelana despertó con un regalo muy especial: una vajilla de desayuno conocida como Grünes Watteau, que contenía los escudos de las Dos Sicilias y de Polonia-Sajonia en cada una de sus piezas de motivos bucólicos. Esto hizo que Carlos III construyera su propia fábrica en 1743, primero en Capodimonte, y luego en Madrid, en el lugar que ahora ocupa la estatua del Ángel Caído (ver siguiente página). En todos esos años, la búsqueda del secreto de la pasta dura, al estilo de la que horneaban en Meissen, se convirtió en su obsesión personal. Durante los cinco primeros años la fábrica produjo una serie de piezas de inspiración chinesca para decorar la sala de porcelana de Aranjuez. Durante los años siguientes, la temática fue variando según el equipo creativo de turno. Buena parte de las piezas fabricadas fueron destinadas al Palacio Real, a la Casita del Príncipe y al Monasterio de El Escorial. Todas, sin excepción, son hoy consideradas unas joyas.

SÍMBOLOS IGNORADOS DEL MONUMENTO AL ÁNGEL CAÍDO ⑫

Jardines del Buen Retiro
• Metro Retiro

> **666:**
> **el número**
> **de la Bestia**
> **del Apocalipsis...**

La estatua que representa a Lucifer en los Jardines del Buen Retiro es la primera del mundo dedicada a este ángel maldito que se rebeló contra la voluntad de Dios y fue condenado por toda la eternidad.

Esta obra, de 1877, es del escultor madrileño Ricardo Bellver (la escultura principal) y de Francisco Jareño (el pedestal). Para su creación, Bellver se inspiró en el Libro I de *El paraíso perdido* de John Milton: "Por su orgullo cae arrojado del cielo con toda su hueste de ángeles rebeldes para no volver a él jamás. Agita en derredor sus miradas, y blasfemo las fija en el empíreo, reflejándose en ellas el dolor más hondo, la consternación más grande, la soberbia más funesta y el odio más obstinado".

Es una coincidencia sorprendente el que la glorieta donde se ubica la estatua de Lucifer esté a 666 metros sobre el nivel del mar. Considerando que el Apocalipsis de Juan afirma que el 666 es el número de la Bestia, ¿por qué la ciudad de Madrid aceptó colocar una estatua con un significado tan negativo?

En realidad, el 666 es también el número de la creación y evolución del hombre en la naturaleza, el mismo que nace después de un ciclo de nueve meses, que es precisamente la suma y reducción de ese número apocalíptico (6+6+6 = 18, y 1+ 8 =9).

Asimismo durante mucho tiempo (ver recuadro) se consideró (y algunos todavía lo consideran) que la caída del ángel no tenía necesariamente un significado negativo. No en vano la estatua muestra una serpiente enroscada alrededor del Ángel Caído: algunas veces la serpiente representa la sabiduría, tal como lo afirma el apóstol Mateo (10:16): "Mansos como la paloma y sabios como la serpiente". Es por ello que Lucifer, como lo recuerda la etimología de su nombre (del latín *Lux fero*, "portador de luz"), puede también ser considerado como un ser que ilumina el mundo, a pesar de estar encadenado al destino y a las rocas en la base de la estatua.

¿LUCIFER: MÁS QUE UN ÁNGEL DIABÓLICO, UN ÁNGEL CAÍDO, PORTADOR DE LUZ PARA SALVAR A LOS HOMBRES ?

Lucifer representaba para los romanos el lucero del alba (*Stella Matutina*) y el lucero de la tarde (*Stella Vespertina*), que es así como también se conoce al planeta Venus, el último en desaparecer antes del alba y el primero en aparecer después del crepúsculo (Venus es el tercer objeto más brillante en el cielo después del sol y de la luna).

En el Antiguo Testamento (como en la traducción bíblica del padre Antonio Figueiredo), Lucifer aparece sólo en Isaías (14:12): "¿Cómo caíste del cielo, Lucifer, tú que durante el día parecías tan brillante?", a pesar de que para algunos se trata de un error de traducción.

En la *Vulgata* (versión latina de la Biblia), el nombre Lucifer aparece seis veces y siempre para referirse al lucero del alba. Por ejemplo, en Pedro (1:19): "Y tenemos aún más firme la palabra profética a la cual bien hacéis en estar atentos, como una llama que ilumina un lugar oscuro, hasta que el día amanezca y el lucero del alba (Lucifer) surja en vuestros corazones". En el Apocalipsis (22.16) Jesús también aparece como el lucero del alba, pues en los primeros tiempos del cristianismo se le atribuía el nombre Lucifer a Jesús.

Por esta razón el nombre Lucifer es frecuente entre los primeros cristianos. Tal es el caso de San Lucifer (Lucifer Calaritano), obispo de Cerdeña, que murió entre los años 370 y 371 y cuyo culto la Iglesia católica sarda celebra todos los 20 de mayo.

Es el libro de Enoc, un apócrifo del siglo II, el que crea el mito de los ángeles caídos. En él, Lucifer, el más bello y amado de los ángeles de Dios, fue expulsado del Trono de Dios cayendo a la Tierra. Lucifer, o Luzbel, en efecto, rechazó el mandato de Dios de crear un ser material, el propio Hombre, pues consideraba esta creación como un acto indigno y contrario a su elevada y destacada posición divina entre las huestes de Dios. Dios envió entonces al Arcángel Miguel, líder de la legión de los ángeles buenos, a precipitar a Lucifer y a los ángeles malos al abismo, donde las criaturas humanas dependen del pensamiento y del sexo. Poco a poco, por su oposición a la voluntad divina, Lucifer empezó a estar asociado a Satán (del hebreo *Shai ´tan*, "Adversario"), vulgarmente llamado el Diablo (calumniador, acusador).

Así fue como se olvidó su sentido último y supremo: el del ángel rebelde que perdió el estatuto divino y luego intentó llevar luz a la humanidad y ayudarla a alcanzar la iluminación espiritual.

PANTEÓN DE HOMBRES ILUSTRES

Julián Gayarre, 3
• Horario: de lunes a viernes de 9.30 a 18h. Domingo y festivos de 9 a 15h
• Metro Menéndez Pelayo

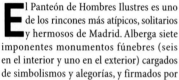

El Panteón de Hombres Ilustres es uno de los rincones más atípicos, solitarios y hermosos de Madrid. Alberga siete imponentes monumentos fúnebres (seis en el interior y uno en el exterior) cargados de simbolismos y alegorías, y firmados por

Un imponente panteón para un solo hombre

escultores de la talla de Mariano Benlliure, Arturo Mélida, Agustín Querol, Federico Aparici o Elías Martín. Durante algún tiempo estuvieron enterrados hombres célebres como Diego Muñoz-Torrero, Eduardo Dato, Cánovas del Castillo, Práxedes Mateo Sagasta, Salustiano Olózaga, entre otros. Actualmente, los únicos restos que aquí reposan son los del político asesinado José Canalejas (1854-1912). En una representación de lo más gráfica, la tumba de mármol blanco presenta a dos hombres y una mujer trasladando el cuerpo de Canalejas a su sepulcro. Los demás personajes ilustres, que fueron enterrados aquí con todos los honores, fueron reclamados en distintos momentos por sus respectivas ciudades de origen.

La construcción del panteón se inició en 1891 y fue un encargo de la reina María Cristina de Austria. El arquitecto Fernando Arbós y Tremanti fue el encargado de realizar las obras, imprimiéndole un carácter neorrenacentista y bizantino al edificio. Para ello se inspiró en el Campanile de Florencia, iniciado por Giotto en 1334.

Las obras de tan suntuoso recinto, del que destacan su claustro gótico y sus cúpulas metálicas, tardaron más de lo previsto por su elevado coste.

LA CIUDAD DE LOS MUERTOS PERDIDOS

Los cadáveres de los escritores Calderón de la Barca, Lope de Vega y Cervantes nunca han podido ser localizados. El autor de El Quijote murió en 1616 y fue enterrado en el Convento de las Trinitarias Descalzas, en la calle Lope de Vega, 18. En la fachada se puede ver una lápida conmemorativa, pero lo cierto es que no existe evidencia material de su tumba.

Los restos de Lope de Vega, enterrado en 1635 en la iglesia de San Sebastián (calle Atocha, 39), también desaparecieron después de la remodelación del cementerio parroquial.

Por último, el cadáver de Calderón de la Barca (1600-1681), trasladado a la iglesia de los Dolores (calle San Bernardo, 103) desde el Panteón de los Hombres Ilustres, se perdió después de que el templo fuera destruido en 1936 durante la Guerra Civil. Se supone que sus restos fueron puestos a resguardo, pero el párroco que decía conocer el lugar donde los habían escondido murió hace años sin desvelar el secreto. Igual suerte corrieron los restos del pintor Velázquez (ver p.73).

NAVE DE MOTORES DE PACÍFICO

Calle Valderribas, 49
• Horario: de martes a viernes de 11 a 19h. Sábados, domingos y festivos de 11 a 15h
• Entrada gratuita
• Metro Pacífico, Conde de Casal

> *La central que transformaba la energía eléctrica para el metro*

Como si de la escenografía retrofuturista de la película *Metrópoli* se tratase, la Nave de Motores de Pacífico y sus tres motores gigantescos impresionan al visitante de esta antigua central eléctrica, hoy destinada a difundir la historia de la ingeniería subterránea de Madrid.

Construida entre 1922 y 1923, la Nave de Motores empezó a funcionar a partir de 1924 para asegurar y complementar el suministro eléctrico a la incipiente red de metro, cuya primera línea fue inaugurada en 1919 por el rey Alfonso XIII. El proyecto de la instalación de maquinaria estuvo a cargo de los ingenieros José María y Manuel Otamendi, responsables también de la obra del metro de la ciudad, y el edificio fue obra de Antonio Palacios, quien extendió el uso de azulejos a las instalaciones auxiliares del transporte metropolitano como imagen de la compañía. Este notable arquitecto firma algunas de las construcciones emblemáticas de la capital, como el Palacio de Comunicaciones, actualmente sede del Ayuntamiento de Madrid, el Círculo de Bellas Artes o el antiguo Banco Central, donde hoy se ubica el Instituto Cervantes (ver p.109).

En su momento, la central transformaba la energía eléctrica para el funcionamiento de los trenes del metro, pero también era capaz de generar su propia energía mediante los tres descomunales motores diesel, con una potencia de 1.500 caballos de vapor, importados de Alemania.

Símbolo de la modernización de la urbe, la central, que en su época fue la de mayor potencia instalada en España, también cumplió su papel en los momentos históricos. Así como la red de metro sirvió como almacén y refugio durante la Guerra Civil, la Nave de Motores proporcionó energía eléctrica a la ciudad cuando el conflicto bélico agravó las restricciones de suministro. Pero a medida que las compañías eléctricas consiguieron asegurar y regularizar el abastecimiento de Madrid, la maquinaria quedó desfasada y dejó de funcionar en 1972. La clausura definitiva llegó en 1987.

En la actualidad el edificio ha recuperado, para su exhibición al público, su aspecto exterior e interior original, incluyendo la limpieza y restauración de la maquinaria y otros elementos. Obsoletos pero relucientes, dínamos, alternadores y baterías muestran al visitante su poderoso pasado, y de paso, el de la ciudad.

MONUMENTO A LA ABUELA ROCKERA ⓯

Calle de Peña Gorbea
• Metro Puente de Vallecas

> **Tus amigos rockeros te dedican este monumento**

Uno de los monumentos más insólitos que puede verse en Madrid (y quizás uno de los pocos que tiene como protagonista a un personaje de la cultura popular) tal vez sea el dedicado a Ángeles Rodríguez Hidalgo (1900 – 1993), más conocida en la década de los ochenta como "la abuela rockera".

El busto en bronce de la abuela rockera es obra de la artista Carmen Jorba y fue colocado en la calle de Peña Gorbea en 1998, cinco años después de su muerte y dos después del mítico concierto que cantantes y grupos de la época como Rosendo, Miguel Ríos, Esturión, Asfalto, Sobredosis o Ñu ofrecieron en la sala Canciller con el fin de recolectar fondos para el monumento y así rendirle tributo a la gran amiga del *heavy metal* español. La tienda Madrid Rock y el artista Mario Scasso pusieron el dinero que faltaba para completar el presupuesto.

Ángeles Rodríguez Hidalgo, esta anciana que jamás se quitaba la chaqueta de cuero, argentina de nacimiento y madrileña de adopción era amante de AC/DC por sobre todas las cosas. Empezó a interesarse por el rock y el *heavy metal* ya de mayor y, a lo largo de los ochenta, no dejó de asistir a ningún concierto ni festival. Así fue como se convirtió en un personaje muy popular y respetado entre los jóvenes. Su carisma y manera de vestir la convirtieron en un personaje entrañable de la noche madrileña, y sus conocimientos sobre música la llevaron a tener una columna en la revista *Heavy Rock* llamada "Abuela Consulta" donde resolvía dudas y curiosidades sobre el *heavy* en general.

El momento cumbre de su popularidad llegó cuando el grupo Panzer eligió una foto suya como portada del disco *Toca madera*, donde se le puede ver haciendo los cuernos con la mano. Es en esta actitud y con este gesto que sus amigos rockeros quisieron inmortalizarla, pero lamentablemente la escultura actual se presta a confusiones pues parece que llevara el puño cerrado, actitud más emparentada con el comunismo que con el *heavy metal* : cuando colocaron la escultura, la mano de la abuela sí tenía el dedo índice y el meñique levantados, pero este gesto fue mal interpretado por los vecinos del barrio, quienes vieron en los típicos cuernos metaleros algún tipo de relación con el diablo. Entonces, decidieron cercenárselos.

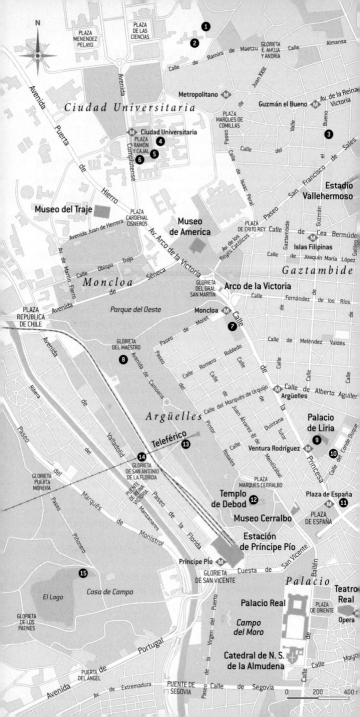

OESTE

LOS CAPIROTES DE LA DEHESA DE LA VILLA ❶

Parque Dehesa de la Villa
Francos Rodríguez, 79
• Metro Francos Rodríguez

> *La antigua galería subterránea por donde viajaba el agua a la casa del rey*

E n la Dehesa de la Villa existen ocho curiosas piedras con forma de pirámide truncada, llamadas capirotes, colocadas en distintos puntos del parque. Estos capirotes son la parte visible del antiguo Viaje de Agua (ver página 83), que transcurría por una serie de galerías subterráneas y abastecía de agua a Madrid desde principios del siglo XVII hasta 1858, año en que fue inaugurado el Canal de Isabel II.

Los capirotes de granito de la Dehesa de la Villa eran las tapas de los pozos de registro y tenían un orificio para la ventilación del agua. Miden unos 70 centímetros de alto por 80 de lado y pertenecen al Viaje de Agua de Amaniel o Viaje de Palacio, construido entre los años 1614 y 1619, durante el reinado de Felipe III y con el objetivo de abastecer de agua al Alcázar. Este viaje nacía en el norte de Madrid para dividirse luego en dos ramales: el que recorría la Dehesa y el que atravesaba la antigua Huerta del Obispo. Luego estos dos ramales se unían para seguir el trayecto hacia la Plaza de Oriente. Su extensión total era de seis kilómetros.

Estos viajes finalizaban su recorrido en las fuentes públicas que había en la ciudad. Hasta allí llegaban los vecinos con sus cántaros y vasijas, y también los llamados aguadores, los encargados de trasladar el agua desde las fuentes hasta los domicilios de las personas dispuestas a pagar el servicio. El sistema estaba muy organizado, pero presentaba algunas deficiencias y, a pesar de que cada vez se construían más viajes, el abastecimiento era insuficiente.

La Villa estaba dividida en distritos y cada distrito tenía un número determinado de fuentes, caños, aguadores y una dotación específica de agua. Con el tiempo se perfeccionó el sistema y se instalaron los llamados "caños de vecindad", destinados al uso exclusivo de una vecindad. La picardía de la época hizo que también surgieran los "ladrones de aguas", que solían abrir minas en determinados puntos del viaje para robar agua. Esto, sumado a la falta de higiene en algunas fuentes, donde también solían beber los animales empleados para el transporte del agua, generó muchos dolores de cabeza en la Junta de Aguas, sobre todo por la rapidez con la que se propagaban las enfermedades y epidemias.

EL CRIADERO DE PECES DE LA ESCUELA DE INGENIEROS DE MONTES ❷

Universidad Politécnica de Madrid
Calle de las Moreras, s/n
• Teléfono: 91 336 50 40
• Metro Ciudad Universitaria

Un criadero de truchas en pleno Madrid

Una de las muchas sorpresas que esconde Madrid es el criadero de peces de la Escuela de Ingenieros de Montes, único en su género, situado en un entorno urbano. Llegar hasta la piscifactoría supone un agradable paseo, rodeado de un poblado arboreto en el que los estudiantes realizan sus prácticas entre 400 especies de plantas.

El recinto destinado a la cría de peces en cautividad se puede recorrer libremente, y además de poder observar e interesarse por esta actividad, el visitante también podrá deambular por un entorno apacible en plena ciudad. También es posible contar con las explicaciones de los investigadores, pero para ello hace falta llamar y pedir cita, preferiblemente para más de una persona.

La piscifactoría está organizada en terrazas que permiten un flujo descendente del agua, que se distribuye entre los diversos estanques mediante acequias. Cada uno de los estanques ofrece información sobre las especies que allí crecen. Así sabremos que la estrella del lugar es la trucha autóctona, una especie originaria de los ríos madrileños que está amenazada. El proceso consiste en traer ejemplares salvajes, que una vez desovados son devueltos a sus ríos de origen. Las truchas autóctonas, con manchas rojas y negras, son muy delicadas y presentan algunas dificultades para la cría en cautividad. Los investigadores que aquí trabajan utilizan agua rica en oxígeno y a baja temperatura del acuífero de Madrid, un pozo de 200 metros, para reproducir su hábitat natural. Como provienen de ríos de montaña, necesitan agua de calidad para sobrevivir.

Además del conjunto de albercas, también se puede visitar el edificio, que tiene una sala de acuario de exhibición en su planta baja. En este espacio se muestran especies de interés piscícola, con información sobre las características, el hábitat y las condiciones de vida de cada una.

Las instalaciones están diseñadas para la exhibición y el estudio, no se trata de un establecimiento de producción industrial. Sin embargo, se aclara que algunos de los ejemplares criados en la piscifactoría pueden ser utilizados con fines conservacionistas. En cuanto a las truchas, algunas se reservan para la reproducción, y otras se envían a cotos de pesca sin muerte de la Comunidad de Madrid.

MUSEO DE LA GUARDIA CIVIL

Guzmán el Bueno, 110
• Metro Guzmán el Bueno
• Horario: de lunes a viernes de 9 a 13h
• Entrada gratuita previa identificación

*El bigote,
símbolo
de virilidad*

El Museo de la Guardia Civil recoge una extensa colección de objetos y armas de gran interés que describe la historia del Cuerpo desde su fundación, en 1844.

En la segunda planta de uno de los edificios de la pequeña ciudad policial que es la Dirección General de la Guardia Civil se pueden ver los rifles, pistolas y fusiles, algunos de diseño exclusivo y de colección, con piedras preciosas incrustadas. Además de las armas y de las banderas, ubicadas en la primera sala, se puede hacer un recorrido por los distintos uniformes que han usado los guardias civiles a lo largo del tiempo.

En esta sala, más que los uniformes o la historia del tricornio, sombrero de la Guardia Civil, lo verdaderamente curioso es la Real Orden que obligaba a los guardias a usar bigote para diferenciarse del resto de los ciudadanos. Tenían que llevarlo lo más grueso y abundante posible, para así realzar la virilidad. De ahí que muchos hombres de la época no pudieran superar el proceso de selección y que otros hayan tenido que echar mano de la picaresca para "aumentarse" el bigote.

Una de las reliquias más llamativas es el baúl que todo Guardia Civil debía tener siempre a mano, con artículos de limpieza y un billete de 25 pesetas -el sueldo de tres meses- para garantizar que nunca pedirían dinero prestado. También se puede ver una bicicleta reglamentaria, de 1865, con el máuser y la capa de paño necesarios para salir a patrullar la ciudad, o las máquinas enormes y obsoletas que servían para la comunicación, un sinfín de objetos conmemorativos de todos los tamaños y formas, y maquetas que explican la historia de la Guardia Civil.

El museo no recibe demasiadas visitas al día y siempre hay un guía dispuesto a explicar las anécdotas que guarda esta colección.

MUSEO PROFESOR REVERTE COMA DE ANTROPOLOGÍA FORENSE Y CRIMINALÍSTICA

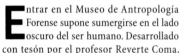

Facultad de Medicina, Universidad Complutense de Madrid
• Teléfono: 91 394 15 78
• Visitas con cita previa
• Metro Ciudad Universitaria

Crimen y castigo

Entrar en el Museo de Antropología Forense supone sumergirse en el lado oscuro del ser humano. Desarrollado con tesón por el profesor Reverte Coma, el museo ofrece una perspectiva amplia y detallada de todo lo relacionado con el mundo del crimen. Dividida en más de veinte secciones, la colección incluye cráneos antiguos, que permiten tener una visión histórica de la muerte violenta, y también material obtenido en casos judiciales más recientes.

Uno de los elementos más curiosos de la extensa colección es un garrote Vil, proveniente de la cárcel de Carabanchel. Este instrumento de ejecución consiste en un collar de hierro que, por medio de un tornillo y la fuerza del verdugo, rompía el cuello del reo. El que se puede ver en el museo está instalado en un soporte de madera con banquillo, donde se sentaba el condenado, y fue utilizado en varias ejecuciones a principios del siglo XX. Este

sistema de ejecución fue de uso legal en España entre 1820 y 1978, año en que se redactó la Constitución y se abolió la pena capital. Los últimos ejecutados con garrote vil fueron el anarquista catalán Salvador Puig Antich y el misterioso delincuente de origen alemán Heinz Ches, el 2 de marzo de 1974, todavía bajo el régimen de Franco.

Pensado en principio para ofrecer material de investigación y prácticas para los estudiantes de medicina forense y otras ciencias relacionadas con la criminología, el museo también permite la visita del público en general, aunque sólo con cita previa y en días determinados.

MUSEO DE LA FARMACIA HISPANA ⑤

Facultad de Farmacia
Plaza de Ramón y Cajal, s/n
• Vista por las mañanas, bajo cita previa
• Teléfono: 91 394 17 97
• Metro Ciudad Universitaria

Cómo se fabricaban los medicamentos hace 200 años

El museo de la Farmacia Hispana exhibe una gran colección de material utilizado en la elaboración, conservación y dispensación de medicamentos a lo largo de los siglos. Destacan las colecciones de cajas de madera policromadas, botes cerámicos y morteros, y la exposición de boticas históricas completas: una farmacia catalana del siglo XVIII, una farmacia hispano-árabe del siglo XIV con los clásicos instrumentos propios de la alquimia, o el conjunto procedente de la farmacia del Hospital San Juan Bautista de Astorga, entre otras.

ANTIGUOS BOTICARIOS EN MADRID

Tres singulares establecimientos farmacéuticos permiten aproximarse a la historia de las boticas de Madrid. El primero y más antiguo es la **Real Botica de la Reina Madre**, situada en el número 59 de la calle Mayor. Fundada en 1578, rinde honor con su nombre a la reina regente María Cristina, que encargaba aquí sus medicinas en el siglo XIX. La actual farmacia conserva una colección de morteros, balanzas y otros instrumentos farmacéuticos, y está ubicada en un edificio de 1913, ejemplo del modernismo madrileño. Otra botica con encanto es la **farmacia Deleuze**, en la calle San Bernardo, 39. Una placa del Ayuntamiento recuerda, en la entrada, el año de su fundación: 1780, a finales del reinado de Carlos III. En 1990, esta bella apoteca, cuya minuciosa decoración barroca le otorga un estilo casi palaciego, fue restaurada pieza por pieza por sus actuales propietarios. Pinturas florales en el techo, anaqueles de estilo morisco y rococó, y una gran lámpara de araña reciben al visitante, que además puede asomarse a la rebotica, donde se conserva una colección de tradicionales tarros de porcelana provenientes de la Real Fábrica del Buen Retiro. El espacio de la trastienda fue también lugar de reunión y tertulia de políticos e intelectuales, como Espronceda y Ventura de la Vega, antes de que proliferaran los cafés que hicieron famosas las animadas discusiones públicas del siglo XIX en la capital.

Más reciente, y con un atractivo más popular, es la **farmacia Juanse**, de 1892, en la esquina de las calles San Andrés y San Vicente Ferrer. De este establecimiento destacan los coloridos murales de azulejos de su fachada, que todavía anuncian los ya desaparecidos productos del "Laboratorio de

especialidades Juanse", nombre original del comercio.

Té purgante "Pelletier", emplastos porosos "El elefante" para los males de riñón, o "Lombricina" para los parásitos, son algunas de las pócimas que ofrecía este laboratorio, todas ellas promocionadas con simpáticas y curiosas ilustraciones.

Real Botica de la Reina Madre.
Calle Mayor, 59. Metro Sol u Ópera

Farmacia Deleuze.
San Bernardo, 39. Metro Noviciado

Farmacia Juanse.
Esquina de San Andrés con San Vicente Ferrer. Metro Tribunal

INSTITUTO DEL PATRIMONIO CULTURAL DE ESPAÑA

Pintor El Greco, 4
- Metro Ciudad Universitaria
- Teléfono: 91 550 44 00
- Horario: de 9.30 a 14h
- Visita previa identificación

E l edificio que alberga el Instituto de Patrimonio Histórico Español, conocido popularmente como "Corona de Espinas", es sin duda una de las construcciones más espectaculares de la arquitectura española contemporánea. La "Corona de Espinas" se inscribe dentro de un estilo organicista

> *Un edificio espectacular conocido como "Corona de Espinas"*

y expresionista y es obra de los arquitectos Fernando Higueras y Antonio Miró, quienes en 1965 recibieron el encargo de la Dirección General de Bellas Artes de construir un centro de restauración. Las obras se iniciaron en 1966, pero surgieron algunos contratiempos tres años después, cuando el entonces director de Bellas Artes propuso convertirlo en el Centro Nacional de las Artes y la Cultura. Las obras se paralizaron y el proyecto tuvo que adaptarse a las nuevas necesidades. El edificio ha sido, en distintos períodos, Centro de Arte Contemporáneo, sede de la Universidad a Distancia, biblioteca de la Universidad Complutense y sede del Tribunal Constitucional hasta que, finalmente, en 1985 pasa a ser el Instituto de Patrimonio Histórico Español.

El edificio, circular, tiene unos 40 metros de radio dividido en 30 gajos principales que se convierten en 60 módulos en la fachada, coronada por una serie de púas de hormigón que le han valido el apodo con el que se le conoce. Cuenta con dos anillos concéntricos y cuatro plantas conectadas por medio de escaleras y ascensores. Un tercer anillo exterior permite el acceso de camiones a los talleres de doble altura donde se restauran obras de gran tamaño.

En el interior, el techo de cristal reforzado por una suerte de telaraña metálica proporciona una gran luminosidad al espacio. Tal vez lo más sorprendente es que el visitante puede disfrutar de la belleza de las instalaciones con sólo identificarse en la entrada. Desde los pasillos se puede ver cómo restauran lienzos históricos o acceder a la biblioteca circular, diseñada por los mismos arquitectos y que reproduce las molduras con forma de púa del exterior.

LOS OVNIS DE LA BIBLIOTECA DEL CUARTEL ❼ GENERAL DEL EJÉRCITO DEL AIRE

Princesa, 2
• Metro Moncloa
• Horario: de lunes a viernes de 9 a 14h

> *Pregunte en la entrada por los avistamientos de ovnis...*

Entrar en una dependencia militar seriamente protegida por una gran cantidad de policías y vallas que impiden que un paseante se acerque a menos de 100 metros, no es una misión imposible. Aunque parezca raro, sólo tiene que presentar un documento de identidad en la entrada y mostrarse interesado por la ufología.

En la Biblioteca del Cuartel General del Ejército del Aire se pueden consultar 75 expedientes desclasificados entre 1992 y 1997 sobre avistamientos de ovnis en España. Son unas 2.000 páginas sobre 100 casos distintos ocurridos, la mayoría de ellos, entre los años sesenta y setenta. Lo que antes era secreto de Estado hoy está a disposición del curioso aunque, como explica la bibliotecaria, la mayoría de visitantes son personas que aseguran haber sido testigos de fenómenos extraterrestres.

Para llegar a la biblioteca hay que recorrer los largos y desolados pasillos de este edificio inspirado en el monasterio de El Escorial y el Museo del Prado y construido entre 1942 y 1951 por orden de Franco en el solar de la antigua Cárcel Modelo de Madrid. La decoración es de los años setenta y la posibilidad de cruzarse con otra persona vestida de civil es casi nula: estamos en las entrañas de un cuartel militar activo donde se deciden cuestiones de Estado.

Los expedientes impresionan por su procedencia y minuciosidad. La mayoría de ellos fueron redactados por las altas esferas militares y detallan las impresiones de los pilotos al avistar naves con "forma de calamar que presentan dos luces laterales y realizan pequeños movimientos ascendentes". Buena parte de la documentación describe la imposibilidad de conseguir una prueba fehaciente del hecho pues, por algún motivo extraño, las películas se velaban. Otras descripciones apuntan a objetos metálicos de posición estática, naves brillantes que no emiten sonido alguno, puntas de lanza multicolores o luces cegadoras. Entre los informes también se pueden leer las transcripciones de las conversaciones de pilotos de líneas aéreas comerciales con la torre de control al ver surcar en el aire "objetos extraños no identificados".

EXTRATERRESTRES EN ESPAÑA

Lo más parecido a un avistamiento fue documentado por primera vez en los *Avisos históricos* de 1639 por el cronista José Pellicer de Ossau y Tovar. Aquí se describe el paso de "un globo de fuego o luz como la del sol en día nublado y de más a más calentaba". Los dos casos registrados en el siglo XIX están más asociados a fenómenos meteorológicos o a efectos ópticos. No fue hasta el siglo XX cuando los supuestos ovnis empezaron a ser documentados por las Fuerzas Armadas Españolas de manera confidencial. El caso más singular en España fue el que protagonizó Fernando Sesma, quien en 1954 creó la Sociedad Amigos de los Visitantes del Espacio (BURU) bajo el lema "creérselo todo mientras no se demuestre lo contrario". Los integrantes de esta sociedad solían reunirse en la sala La Ballena Alegre, ubicada en el sótano del desaparecido Café Lyon. Sesma, cartero de profesión, mantuvo en vilo a los aficionados a la ufología, curiosos y periodistas al decir que recibía mensajes de Saliano, un alienígena del planeta Auco. Al final se descubrió que él mismo escribía los mensajes, cosa que Sesma nunca reconoció.

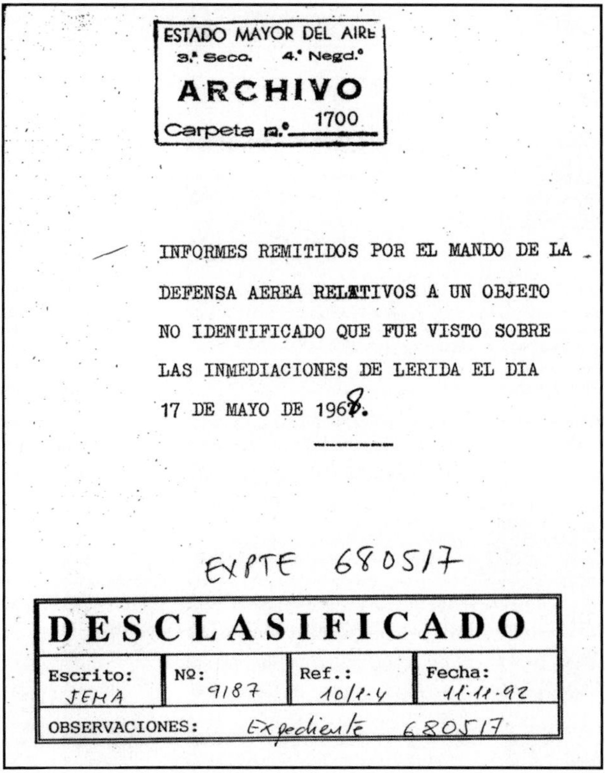

ESTADO MAYOR DEL AIRE
3.ª Secc. 4.ª Negd.º

ARCHIVO

Carpeta n.º   1700

INFORMES REMITIDOS POR EL MANDO DE LA
DEFENSA AEREA RELATIVOS A UN OBJETO
NO IDENTIFICADO QUE FUE VISTO SOBRE
LAS INMEDIACIONES DE LERIDA EL DIA
17 DE MAYO DE 1968.

EXPTE 680517

DESCLASIFICADO

Escrito: JEMA	N.º: 9187	Ref.: 10/1·4	Fecha: 11·11·92
OBSERVACIONES:	Expediente	680517	

LA TINAJA

Parque del Oeste
• Metro Moncloa

> *Un horno de cerámica gigante que perteneció a la Real Fábrica de La Moncloa*

En pleno Parque del Oeste se ubica, agazapada entre la vegetación, una tinaja de barro de más de quince metros de altura con una puerta de acceso clausurada a cal y canto. Este horno de cerámica gigante perteneció a la Real Fábrica de La Moncloa, construida en 1817 por iniciativa de la reina María Isabel de Braganza, esposa de Fernando VII, para sustituir a la Real Fábrica del Buen Retiro, totalmente destruida durante la Guerra de la Independencia (ver página 33).

El horno, considerado una importante pieza de arquitectura industrial, es posterior a la construcción de la fábrica. Se cree que fue construido en 1881 y, aunque actualmente se encuentra bastante deteriorado por el paso del tiempo y la falta de mantenimiento, existe un proyecto que pretende convertirlo en una sala de exposiciones de la escuela de cerámica aledaña.

La Escuela Madrileña de Cerámica de La Moncloa es lo único que queda de la antigua fábrica, que tuvo que cerrar sus puertas a finales del siglo XIX, después de que los hermanos Zuloaga tomaran el mando. A pesar del gran talento de los hermanos, los gastos de la fábrica y el desinterés del público hicieron que se fuera a la ruina.

Para acceder a la tinaja de barro se recomienda entrar al parque por la calle del Pintor Rosales, bajar por el paseo de Jacinto y Francisco Alcántara, seguir hasta la fuente y, luego, ir a la izquierda. La Tinaja se encuentra dentro de una comisaría. Es necesario pedir permiso para entrar y verla de cerca.

VISITA GUIADA AL PALACIO DE LIRIA

Princesa, 20
- Metro Plaza de España
- Teléfono: 91 547 53 02
- Visita previa cita telefónica únicamente entre octubre y mayo

Tesoros de familia

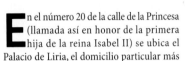

En el número 20 de la calle de la Princesa (llamada así en honor de la primera hija de la reina Isabel II) se ubica el Palacio de Liria, el domicilio particular más grande de la capital y actual vivienda de la duquesa de Alba, tan conocida en España como en el extranjero por sus títulos nobiliarios y su permanente protagonismo en la prensa rosa.

Una zona del palacio está abierta al público, aunque las visitas guiadas son muy restringidas, siempre hay una larga lista de espera y sólo aceptan un número determinado de personas a la semana. Sin embargo, merece la pena insistir pues el recinto alberga una asombrosa colección artística y privada, que ha sobrevivido al paso del tiempo y no ha sido desmembrada como muchas otras.

Entre los grandes tesoros está la galería de retratos, con cuadros firmados por Goya, Van Loo, Tiziano o Federico de Madrazo. Entre estos retratos destaca por su singularidad uno firmado por Zuloaga, donde la dueña de la casa y duquesa -cuando todavía era niña- aparece sentada sobre un pony y con un muñeco de Mickey Mouse en la mano. Además, hay obras maestras de Fra Angelico, Francesco Furini, Rembrandt, Durero, Veronese, Van Dyck, Rubens, El Greco, Zurbarán, Ribera… en definitiva, una pinacoteca deslumbrante con piezas excepcionales, como *La imposición del Toisón de Oro al duque de Liria*, que es el único cuadro del pintor francés Ingres en España. A lo largo del tiempo la duquesa ha enriquecido con nuevas adquisiciones esta colección con obras de Picasso, Miró, Chagall y Renoir, entre otros autores de los siglos XIX y XX. Otro de los grandes tesoros son los documentos históricos de incalculable valor, como las cartas de puño y letra de Cristóbal Colón, o la Biblia de Alba, que fue la primera traducción al castellano de la Biblia Hebrea del siglo XV.

El edificio, considerado "hermano menor del Palacio Real", fue construido a mediados del siglo XVIII en tres fases y en su diseño intervinieron hasta tres arquitectos. Primero el francés Guilbert, posteriormente el español Ventura Rodríguez, y finalmente Sabatini, con algunas intervenciones de otros arquitectos debido a las sucesivas reformas que sufrió, especialmente durante la Guerra Civil pues quedó seriamente dañado. Ni la fachada del palacio, y muchos menos los tesoros que guarda, se pueden intuir desde el exterior. Desde fuera sólo se pueden ver a las extrañas esfinges de piedra que custodian la verja: unas mujeres con la espalda curvada, en posición felina, con garras y mirada inquietante que infunden respeto y ahuyentan a los curiosos.

COMPOSICIÓN

OFERTA ESPECIAL

SOFA 3 PLAZAS   875 €
SOFA 2 PLAZAS   725 €
3+2 PLAZAS   1.450 €

LOS FRESCOS DE LA TIENDA RUSTIKA

San Bernardino, 3
- Tel.: 91 541 94 17
- Metro Plaza de España

*Frescos
de Zuloaga
en una antigua
fábrica de pianos*

Imposible sospechar que la tienda Rustika esconde en su interior, entre una gran cantidad de objetos de decoración y muebles, un doble tesoro artístico: los frescos del pintor Zuloaga y una taquilla en madera y hierro de la antigua sala de conciertos Montano, donde ahora se ubica la tienda.

Ubicada en el edificio aledaño (Calle Dos Amigos, 4), la fábrica de pianos Montano era un anexo de la sala de conciertos y ambas pertenecieron a la familia Montano, grandes amantes de la música clásica que a mediados del siglo XIX, exactamente a partir de 1838, se convirtieron en unos prolíficos constructores de pianos españoles. Aunque no existe un registro sobre la suerte que corrieron los pianos Montano, se sabe que en su momento estuvieron muy bien considerados.

El edificio donde hoy se ubica la tienda de decoración, y donde antes estaba la sala de conciertos y las oficinas de la fábrica, fue construido por otro integrante de la familia Montano, y todavía se puede ver en la fachada una moldura con

la letra M del apellido. Este edificio, lo mismo que la sala de conciertos, es posterior al de la fábrica, pues entró en funcionamiento hacia finales del siglo XIX y principios del XX.

Los frescos de Rustika sorprenden gratamente al visitante. Pertenecen al pintor y ceramista madrileño Daniel Zuloaga (1852-1921), cuyas grandes obras están vinculadas a la arquitectura, como la decoración exterior del Palacio de Velázquez en el Retiro y del Ministerio de Fomento (actual Ministerio de Agricultura), entre otras intervenciones en edificios emblemáticos de la ciudad. Por ello resulta muy interesante conocer de cerca su faceta de dibujante y en un escenario de lo más inesperado.

IMPRENTA ARTESANAL DEL AYUNTAMIENTO ⓫ DE MADRID

Conde Duque, 9
• Horario: de lunes a viernes de 9 a 13.30h
• Visitas sólo mediante reserva: 91 588 57 68

Grandes encuadernaciones artísticas

En la Imprenta Artesanal del Ayuntamiento de Madrid mantienen vivas las técnicas tradicionales de impresión y encuadernación de libros. Visitar este lugar es entrar en contacto con métodos artesanales que abarcan desde la composición de textos a partir de tipos móviles hasta la encuadernación rústica y cosida a mano. Estas singulares ediciones se realizan en máquinas de alimentación manual, algunas del siglo XIX y otras de principios del siglo XX. Entre las curiosidades que conservan hay una linotipia, una suerte de máquina de escribir que enviaba una línea completa formada por los moldes de las letras directamente a una caja de fundición. También la extraordinaria colección de planchas para estampar y hierros de dorar de Antolín Palomino, el gran maestro español de la perfección técnica en materia de encuadernación.

La visita guiada permite admirar el trabajo diario de los encuadernadores e impresores; la paciencia con la que encolan las tapas o cosen las páginas, cómo doran y decoran el libro en el taller de Encuadernación Artística, o cómo los restauradores se enfrentan a los típicos problemas de los libros viejos: la humedad, los hongos y la acidez. Al finalizar el recorrido el visitante puede admirar una magnífica colección de encuadernaciones artísticas.

LA "OLVIDOTECA": UNA BIBLIOTECA DE LIBROS OLVIDADOS

Hotel Conde Duque - Plaza Conde Valle Suchil, 5
• Tel.: 91 447 70 00 • Metro San Bernardo

El Hotel Conde Duque cuenta con una biblioteca muy particular formada por los libros que los huéspedes dejaron olvidados a su paso por Madrid. En un principio era sólo una vitrina con algunos volúmenes, pero con el tiempo la colección fue creciendo hasta ocupar un coqueto rincón dentro del hotel. Con esta iniciativa la administración del hotel quiso dar un nuevo uso a estos libros olvidados por sus dueños. Algo muy parecido al bookcrossing universal pero a menor escala. La lista de libros es extensa, la mayoría son libros de bolsillo escritos en inglés. También pueden encontrarse guías de viaje, libros de autoayuda, de arte, de gastronomía, de medicina natural, *best sellers* o clásicos de la literatura universal. Todos ellos escritos en más de diez idiomas debido a que la mayoría de los clientes del hotel son extranjeros. Desde que se puso en marcha la "Olvidoteca" son muchos los huéspedes que han dejado sus libros de manera intencionada con el objetivo de alimentar esta particular biblioteca.

SIMBOLISMO INICIÁTICO DEL TEMPLO DE DEBOD ⓬

Templo de Debod
Parque del Oeste

"De Egipto a la masonería

Desmontado en Egipto y reconstruido en España, donde fue inaugurado el 20 de julio de 1972, el templo de Debod es el mayor templo egipcio del mundo fuera de Egipto. Fue durante la construcción de la presa de Asuán en Egipto, cuando se creó en 1960 el *Comité Español* dirigido por el profesor y arqueólogo Martín Almagro Basch con el fin de salvaguardar los templos de Nubia ante la amenaza de quedar sumergidos por las aguas. Este profesor se encargó de la operación de salvamento, y de desmontar y trasladar, en 1961, el templo de Debod a la isla de Elefantina, frente a Asuán, donde permaneció hasta abril de 1970, momento en que fue enviado a Alejandría. El Gobierno egipcio regaló este monumento al Gobierno español en abril de 1968, en compensación por su ayuda en la salvaguarda de los templos de Abu Simbel.

El 6 de junio de 1970, los sillares del templo, embalados en cajas, fueron embarcados en el vapor *Benisa*, llegando a Valencia el 18 de junio y transportados en camión a Madrid, donde fueron almacenados en el edificio del Cuartel de la Montaña y luego trasladados al Parque del Oeste.

El Templo de Debod se inscribe muy claramente en la tradición espiritual e iniciática de Occidente. La masonería española se identificó inmediatamente con las pinturas de la "cadena de unión" de dioses y faraones unidos de la mano: este rito, que forma parte de la herencia de los masones, representa la fraternidad masónica, es decir, el espíritu de ayuda entre masones.

Las cuatros columnas del templo están también asociadas a la simbología de la fuerza y del equilibrio, como en la Gran Logia de España.

Del mismo modo, el Ojo Oudjat (también llamado Ojo de Horus) presente en el santuario del templo, está relacionado con el Ojo de la Divina Providencia del Gran Arquitecto del Universo, mientras que los tres cuerpos del edificio corresponden a los tres grados simbólicos de la masonería: maestro, compañero y aprendiz.

La masonería considera que su origen histórico se encuentra en el Egipto de antes y después del diluvio universal. La fecha de su fundación se remonta al año 1370 antes de Cristo, fecha en la que el faraón Amenhotep IV habría fundado junto con la reina Nefertiti el culto solar del dios Amon-Ra, en el interior de la gran pirámide de Keops, según la tradición iniciática. Para algunos masones el origen etimológico de la palabra masonería, que significaría luminoso, vendría en efecto de *Maha-Sun*, luz grande.

En Madrid, el Templo de Debod también está rodeado de un lago artificial, en coherencia con su origen: todos los templos egipcios tenían un estanque sagrado, normalmente alimentado por las aguas del Nilo que se infiltraban por las capas freáticas. Este estanque representaba la existencia de aguas primordiales antes de la creación del mundo.

LA LÁPIDA QUE RECUERDA LOS FUSILAMIENTOS DEL 3 DE MAYO DE 1808 CEMENTERIO DE LA FLORIDA

⑬

Parque del Oeste
Calle de Francisco y Jacinto Alcántara, 4
• Visitas sólo durante las mañanas de los sábados y domingos de los meses de mayo y junio o bajo pedido: 91 588 16 36 (Ayuntamiento)
• asturt@telefonica.net
• Metro Príncipe Pío

> *Los protagonistas del famoso cuadro de Goya están enterrados aquí*

El cementerio de La Florida, el más desconocido entre los camposantos de Madrid, es una pequeña joya en pleno centro de la capital. Protegido por la calma y el verdor del Parque del Oeste, este lugar mantiene la memoria de uno de los hechos más emblemáticos de la historia de la ciudad.

En este modesto recinto, construido en 1796, se encuentran enterrados los cuarenta y tres madrileños que fueron fusilados por los soldados del general francés Murat a los pies de la montaña de Príncipe Pío, en la madrugada del 3 de mayo de 1808. En aquella trágica jornada, y tras el levantamiento popular contra la ocupación napoleónica, fueron fusilados más de doscientos ciudadanos de Madrid.

El destino de quienes reposan en este cementerio quedó sellado cuando fueron elegidos por sorteo entre los muchos detenidos por las revueltas del 2 de mayo, y después de ser torturados, fueron fusilados y abandonados en una fosa común. Los hermanos de la Congregación de la Buena Dicha rescataron los cuerpos varios días después, y los enterraron en secreto en el pequeño cementerio, que dependía de la Ermita de San Antonio de la Florida y estaba destinado a los empleados del cercano Palacio Real.

Los desgarros de esa violenta noche fueron retratados con extraordinaria expresividad en el cuadro de Goya *Los fusilamientos del 3 de mayo*, reproducido en una lápida de azulejos a la entrada del camposanto.

Hasta hace muy poco, sólo se conocían la identidad de 19 de ellas, pero otras diez fueron identificadas en los últimos años. Sus nombres son recordados en una lápida conmemorativa. Los demás, aún sin identificar, descansan en el anonimato.

Desde 1917 la Sociedad Filantrópica de Milicianos se encarga del mantenimiento del lugar, que durante muchos años no se pudo visitar. En 1931 se cerró al público, y tras ser restaurado fue reabierto el 2 de mayo de 1981, pero a causa de algunos actos vandálicos, lo volvieron a cerrar. A partir de las celebraciones del Bicentenario del 2 de Mayo, en 2008, se decidió que se permitirían las visitas sólo durante las mañanas de los sábados y domingos de los meses de mayo y junio. Pero es posible, y merece la pena, solicitar un permiso especial contactando con el Ayuntamiento o la Sociedad Filantrópica de Milicianos para visitar el cementerio en otro momento.

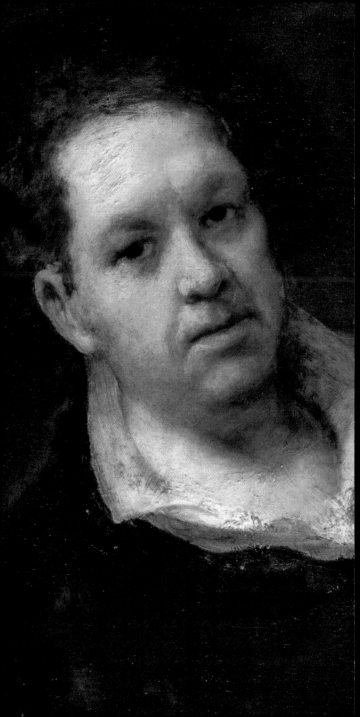

LA MISTERIOSA HISTORIA DEL CRÁNEO DE GOYA

En la pequeña ermita de San Antonio de la Florida está enterrado el cuerpo del pintor Francisco de Goya. Sólo el cuerpo, pues la cabeza nunca fue encontrada. Mucho se ha especulado sobre el paradero del cráneo de Goya, y son dos las teorías, cada cual más extraña, que se consideran más probables. La primera es la que involucra al pintor asturiano Dionisio Fierros (1827 – 1894). Según la biógrafa de Goya, Antonina Vallentin, hacia mediados del siglo XIX existió un cuadro pintado por Fierros que llevaba la siguiente inscripción: "El cráneo de Goya pintado por Fierros en 1849". Las investigaciones de Vallentin la condujeron hasta la viuda y el nieto de Fierros, quienes le aseguraron que en el taller de su abuelo había un cráneo y que éste bien podría haber pertenecido a Goya. Lamentablemente el cuadro desapareció sin dejar rastro. Pero, según el libro de Vicente Muñoz Puelles, *El cráneo de Goya*, la calavera permaneció allí, en el estudio de Fierros, hasta que un sobrino suyo, estudiante de medicina, decidió experimentar el alcance de la fuerza expansiva de los gases introduciendo garbanzos en remojo en el supuesto cráneo de Goya. El cráneo se fragmentó y el sobrino, al no saber qué hacer con los restos, decidió dárselos de merienda a un perro.

La otra teoría tiene como personaje principal a un doctor y amigo personal del artista, a quien Goya pudo autorizar para que le cortara la cabeza al morir con el fin de que realizara los estudios frenológicos* correspondientes, tan en boga en aquella época. El cráneo podría haber sido enviado desde Burdeos a París para luego perderse.

Ninguna de estas dos teorías podría haberse desarrollado si no fuera por Joaquín Pereyra, cónsul español en Burdeos desde 1880. Él descubrió la tumba de Francisco de Goya y Lucientes en el cementerio de Chartreuse y grande fue su sorpresa cuando tras la exhumación se encontró un cuerpo sin cabeza. De esta teoría se desprende una versión más romántica: supuestamente, Goya le pidió a sus albaceas que tras su muerte le cortaran la cabeza y la enterraran en Madrid, junto al pie derecho de la duquesa de Alba, de quien estuvo enamorado buena parte de su vida.

Los restos de Goya sin cabeza tuvieron que esperar casi 19 años para encontrar su lugar en el mundo. Pereyra hizo hasta lo imposible para que esto ocurriera pero las administraciones de turno no querían aportar el suficiente dinero ni para la repatriación ni para un funeral a la altura del genio.

Ermita de San Antonio de la Florida. Glorieta San Antonio de la Florida, 5. Metro Príncipe Pío. Horario: de martes a viernes de 9.30 a 20h. Sábado y domingo de 10 a 14h. Lunes cerrado.

* Frenología: doctrina que sostenía que el carácter y los rasgos de la personalidad podían deducirse por la forma del cráneo y la cabeza.

CURSOS DE HUERTO ECOLÓGICO URBANO

Albergue Juvenil Richard Schirrmann
Casa de Campo s/n
• Cursos gratuitos
• www.asociaciongrama.org
• Metro Lago o Batán

> *Una*
> *escuela*
> *de hortelanos*

Desde 2004, esta pequeña escuela de hortelanos enseña todos los detalles relacionados con la preparación del terreno y el cultivo de la tierra sin plaguicidas ni abonos químicos. Desde la eliminación de los vegetales de la superficie y el correcto abono del terreno hasta algunos consejos prácticos para construir un sistema de riego por goteo casero. Una vez que el alumno se ha familiarizado con las claves para estimular la fertilidad del terreno y el uso de las herramientas básicas de todo horticultor ya está en condiciones de sembrar las semillas.

La tercera parte del curso es más técnica y consiste en consejos prácticos sobre cómo rotar las hortalizas para prevenir plagas y no agotar el suelo.

El curso de Huerto Urbano Ecológico es totalmente gratuito y se divide en clases teóricas y prácticas, donde los alumnos, además de aprender el oficio de hortelano, tienen la oportunidad de pasar un día entero en contacto con la naturaleza.

La iniciativa es un proyecto del Grupo de Acción para el Medio Ambiente (GRAMA), cuyo principal objetivo es la protección del ecosistema. Además de los huertos urbanos, GRAMA se dedica a la gestión de residuos urbanos, a informar a la sociedad sobre la riqueza de los espacios naturales en España y a promover la protección y recuperación de la naturaleza dañada por el hombre. En su página web se puede consultar el calendario de actividades de GRAMA, que también organiza unas caminatas muy especiales por los alrededores de Madrid.

CONVERTIRSE EN ACRÓBATA O MALABARISTA...

A pocos metros del Huerto Ecológico Urbano se encuentra la escuela de circo Carampa, un espacio de encuentro para los amantes de las prácticas circenses que ofrece un curso de formación profesional de dos años de duración. También imparten cursos monográficos de acrobacia, clown, soportes acrobáticos, equilibrio de manos, pantomima, danza y técnicas aéreas, entre otros. Además programan espectáculos que mantienen vivo el verdadero espíritu del circo, en un ambiente modesto pero con unos artistas de primer nivel. Para más información: 91 479 2602.

CENTRO DE RECUPERACIÓN DE LA CIGÜEÑA **⑮** BLANCA

Centro de Información de la Casa de Campo
Junto al paseo del Embarcadero del Lago
• Teléfono: 91 479 60 02
• Metro Lago o Príncipe Pío

En plena Casa de Campo, el mayor parque público de Madrid, se encuentra, apartado y protegido de los circuitos recreativos, el Centro de Recuperación de la Cigüeña Blanca, un insólito remanso natural en plena ciudad.

Una « clínica » de cigüeñas en la Casa de Campo

Esta "clínica" de cigüeñas está preparada para que las aves puedan anidar y reproducirse, y les proporciona los cuidados necesarios y un espacio natural libre del impacto negativo de la vida urbana. Aquí llegan cigüeñas con lesiones recuperables, a las que se cuida y alimenta hasta que logran volver a valerse por sí mismas, y otras que ya no podrán vivir de manera independiente. En estos casos, estas aves zancudas pueden encontrar en este centro todo lo que necesitan para alimentarse y sobrevivir.

Nada más llegar al centro, las cigüeñas son puestas en cuarentena, con el fin de que recuperen las defensas debilitadas por el estrés de la ciudad. Después, pueden pasear libremente por el lugar, que dispone de una charca.

En el parque también existe un centro de lepidópteros (mariposas), escondido en el espacio verde más popular de la ciudad.

Las visitas son posibles sólo si se reserva con bastante antelación, y si coincide con el calendario de actividades que propone el Servicio de Medio Ambiente del Ayuntamiento cada tres meses.

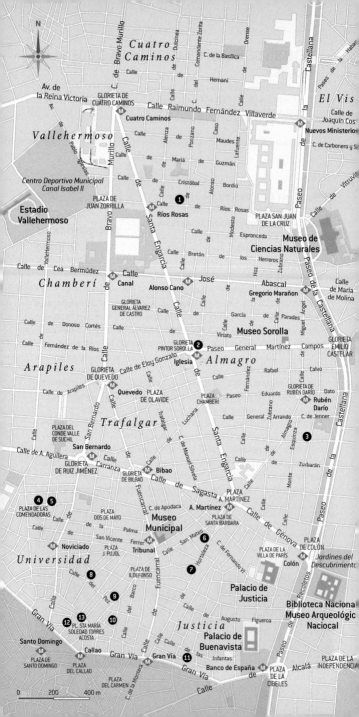

NORTE

LA MINA SUBTERRÁNEA DE LA ESCUELA DE MINAS

Calle Ríos Rosas, 21
- Información sobre las visitas: 91 336 70 23
- Entrada gratuita

> *Una mina en el centro de Madrid*

En el patio de la Escuela Superior de Ingenieros de Minas, en plena calle Ríos Rosas y no muy lejos del Paseo de la Castellana, se encuentra la entrada de una mina peculiar. De sus entrañas nunca se han extraído minerales, pero sirvió en su tiempo para las prácticas de los estudiantes. La mina experimental Marcelo Jorissen, que recibe su nombre de quien fue director de la escuela en 1967 y que ordenó su construcción ese mismo año, se mantiene en la actualidad como un sencillo y original museo en el que se pueden apreciar algunas de las técnicas clásicas del trabajo minero.

Está compuesta por un pozo vertical de 15 metros de profundidad, e incluye un castillete de hierro forjado, por dónde descendían los jaulones con los hombres y los materiales, y una galería que llega hasta la calle Ríos Rosas. Se accede por una amplia boca desde la que se desciende bajando setenta y cinco escalones, y a medida que uno se sumerge en su interior se puede percibir la humedad del espacio bajo tierra. Al llegar al fondo, se abre una galería atravesada por unos raíles sobre los que descansan las vagonetas de carga. El recorrido permite observar distintas formas de entibación, como se denomina en minería el apuntalamiento de las galerías, y aros de hierro, vigas y encofrados muestran las opciones de excavación vigentes en la época en que se construyó. El visitante aprende, por ejemplo, que se preferían las vigas de eucalipto antes que las de cualquier otro material porque antes de partirse, el eucalipto crujía dando a los mineros la valiosísima oportunidad de ponerse a salvo en caso de derrumbe. Lo que más contribuye al encanto del lugar es la autenticidad de sus elementos, ya que el castillete, las vagonetas, los raíles y los mampuestos, que sujetan el camino subterráneo, provienen de verdaderas explotaciones mineras. Eso sí, el filón carbonífero al fondo de la galería es ficticio y está constituido por tierra pintada, pues se supone que se trata de una explotación de carbón. Sin embargo, el ambiente logrado ofrece el curioso privilegio de imaginar con verdadero realismo las condiciones de trabajo en las profundidades de la tierra.

EL MUSEO HISTÓRICO MINERO DON FELIPE DE BORBÓN Y GRECIA

El edificio de la Escuela de Ingenieros de Minas, considerado monumento histórico-artístico, también alberga el Museo Histórico Minero Don Felipe de Borbón y Grecia, que acoge un variado testimonio de la riqueza minera de España y Europa desde el siglo XVIII. La entrada es libre, pero para visitar la mina es necesario pedir cita previa.

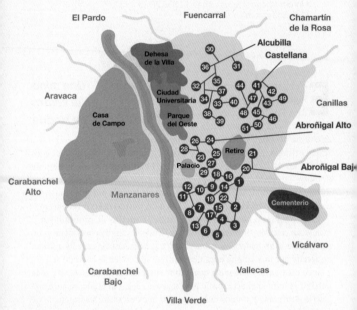

Viajes de Agua - Madrid 1847

Abroñigal Bajo
1. Cibeles
2. San Juan
3. Santa Isabel
4. Ave María
5. Lavapiés
6. Cabestreros
7. Cerrillo del Rastro
8. Toledo
9. Puerta Cerrada
10. Puerta Moros
11. Águila
12. Rosario
13. Embajadores
14. Alcalá. *Caño de vecindad*
15. Plaza de Jesús. *Caño de vecindad*
16. El Sordo. *Caño de vecindad*
17. Plaza del Rastro. *Caño de vecindad*
18. C. de la Paloma. *Caño de vecindad*
19. C. de la Segovia. *Caño de vecindad*
20. San Bruno. *Caño de vecindad*
21. San Blas. *Caño de vecindad*
22. Apolo. *Caño de vecindad*

Abroñigal Alto
23. Celenque
24. Aduana
25. Relatores
26. Plaza de La Villa
27. Cebada
28. C. de los Magros.
    Caño de vecindad
29. Lavapiés.
    Caño de vecindad

Castellana
30. San Fernando
31. San Antón
32. Valverde
33. Red de San Luis
34. Santo Domingo
35. Mostenses
36. Afligidos
37. Chamberí.
    Caño de vecindad
38. Plaza del Gato.
    Caño de vecindad
39. Tudescos.
    Caño de vecindad
40. Hospicio.
    Caño de vecindad

Alcubilla
41. Galápagos
42. Del Soldado
43. Plaza de Bilbao
44. Descalzas
45. Santa Ana
46. Antón Martín
47. Santa Cruz
48. Preciados.
    Caño de vecindad
49. Regueros.
50. San Gregorio.
    Caño de vecindad
51. De los Gitanos.
    Caño de vecindad

TAPA DE LA ALCANTARILLA DEL NÚMERO 73 ❷ DE LA CALLE SANTA ENGRACIA

Santa Engracia, 73
• Metro Iglesia

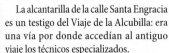

Antiguos viajes de agua

Sobre la acera, justo delante del número 73 de la calle Santa Engracia, se puede ver una tapa de alcantarilla muy distinta a las que existen en el resto de la ciudad. En ella se lee la inscripción: "Viaje antiguo de agua". Antiguamente, la distribución del agua era totalmente distinta a la que conocemos hoy. Antes de que el Canal de Isabel II fuera inaugurado, a mediados del siglo XIX, existieron distintos puntos de captación de agua en las afueras de Madrid y una red subterránea de galerías y pozos heredada de los árabes que, con el progresivo crecimiento de la ciudad (en esos momentos Madrid ya alcanzaba los 200.000 habitantes) fue quedando obsoleta.

Los principales lugares de captación de agua potable (Abroñigal Alto, Abroñigal Bajo, Alcubilla y Castellana) pertenecían a la Villa de Madrid, es decir, eran públicos. En ese tiempo también existieron lugares de abastecimiento privados, como la Fuente del Berro, propiedad de la Corona.

Con el paso del tiempo, estos canales subterráneos fueron poco a poco dejando de cumplir la función de transportar agua y muchos de ellos fueron demolidos con el fin de construir aparcamientos o túneles. Sin embargo, todavía existen algunos tramos que, o están vacíos, o se utilizan para distintos tipos de cableados. De momento no se pueden visitar, pero no se pierde la esperanza de que en un futuro cercano se abran al público interesado en

descubrir las entrañas de Madrid.

La alcantarilla de la calle Santa Engracia es un testigo del Viaje de la Alcubilla: era una vía por donde accedían al antiguo viaje los técnicos especializados.

El Viaje de la Alcubilla data de 1399 y nace en la Dehesa de Chamartín, en el valle de la Alcubilla, a 18 metros de profundidad. El conducto seguía la ruta hacia Bravo Murillo y la actual Glorieta de Cuatro Caminos para luego dividirse en dos ramales, el de la calle Santa Engracia y el que iba hacia la glorieta de Quevedo. La tapa de la alcantarilla de la calle Santa Engracia es uno de los pocos vestigios a la vista de los antiguos viajes de agua.

Para ver otros restos del antiguo viaje del agua se puede visitar el parque Dehesa de la Villa.

VESTIGIOS DEL FRONTÓN BETI-JAI ❸

Marqués de Riscal, 7
• Metro Rubén Darío

*El último
frontón de pelota
vasca en Madrid*

Desde una esquina de la fachada del edificio en ruinas, envuelto en redes de protección, de Marqués de Riscal 7, se pueden ver los restos del Frontón Beti-Jai, el último de los frontones "industriales" (construidos en el siglo XIX, durante el período de auge y explotación comercial de la pelota vasca, con el fin de satisfacer la gran demanda del público) en el mundo. El Beti-Jai es también el único frontón de pelota vasca en Madrid y el único ejemplo de arquitectura deportiva del siglo XIX en la ciudad.

El Frontón Beti-Jai era lujoso, con zócalos de cerámica de estilo andaluz, detalles neomudéjares, dotado de una gradería de hierro con capacidad para cuatro mil personas y una cancha de 67 metros donde se podían jugar todas las variedades de pelota vasca, un juego que, en España, llegó a ser más célebre que el fútbol, por lo menos durante el siglo XIX y buena parte del XX.

El Frontón Beti-Jai, que en euskera significa "siempre fiesta", empezó a construirse en 1893 por encargo del empresario José Arana. Él quería un frontón a imagen del Beti-Jai de San Sebastián, pero mejorado, más grande y construido con los materiales más modernos de la época. El encargo recayó en el arquitecto Joaquín Rucoba, también autor del Teatro Arriaga y el Ayuntamiento de Bilbao, y fue inaugurado el 29 de abril de 1894 con todos los honores. Entre otras dependencias contaba con salones de descanso, vestíbulo principal, contadurías, taquilla, cafetería, enfermería, habitaciones para los deportistas y despachos para la administración. En su momento se convirtió en un lugar de encuentro para la burguesía madrileña.

El Frontón Beti-Jai cerró sus puertas en 1919 y, a partir de entonces, fue utilizado para fines diversos. Fue comisaría, taller de coches e incluso local de ensayo para una banda falangista. Ahora, el frontón (4.000 metros cuadrados ubicados en una de las zonas más exclusivas de Madrid) espera su turno para ser rehabilitado.

SACRISTÍA DE LOS CABALLEROS

Convento de las Comendadoras de Santiago
Acuerdo, 19
• Tel.: 91 548 18 42
• Horario: 16h
• Visitas: primer lunes de cada mes previa reserva telefónica
• Metro Noviciado

> **Donde
> se nombraba
> a los Caballeros
> de la Orden
> de Santiago**

Ubicada dentro del Convento de las Comendadoras de Santiago, construido entre 1584 y 1697, la Sacristía de los Caballeros es un lugar fascinante e inesperado pues no presenta ningún tipo de fachada que delate su interior.

Era aquí, en la sacristía, donde antiguamente los hombres se preparaban para el nombramiento de Caballeros de la Orden de Santiago, ceremonia que luego se celebraba en la iglesia contigua.

Este amplio salón barroco fue pintado con los tres colores de las Comendadoras: el verde, que representa los laureles; el amarillo, la tierra conquistada, y el rojo, la sangre derramada por los mártires. Pero para redescubrir los tres colores originales hubo que raspar con bisturí durante meses. El lugar era totalmente blanco y gris, primero por el capricho de un arquitecto que veía al demonio en el color y segundo por culpa de la peste: en una de las capas que tuvieron que raspar encontraron una inscripción con la siguiente frase: "Yo, pintor cordobés, en 1914 pinté a la cal para desinfectarlo de la peste".

La Sacristía de los Caballeros es obra de Francisco de Moradillo y fue construida entre 1746 y 1753, durante el reinado de Fernando VI. Dentro de la sacristía, todo es deslumbrante: cada detalle pictórico o escultórico, cada pequeña pieza, cuenta una maravillosa historia. Los dibujos en las paredes narran ciertos secretos de la época: se dice que las rosas de los floreros son las llamadas Rosas Luis XVI, cultivadas por primera vez el mismo año que empezaron a decorar la sacristía.

En una esquina de la sacristía se ubica también la hermosa Fuente de los Tritones, donde los futuros caballeros se lavaban antes de ser llamados por la campana que invitaba a pasar al siguiente salón, donde las monjas ofrecían un refrigerio a través de un torno para no ser vistas. La campana y el torno también han sido restaurados.

LA CAPILLA DE LAS NIÑAS

Acuerdo, 19
- Tel.: 91 548 18 42
- Horario: 16h
- Visitas: primer lunes de cada mes previa reserva telefónica
- Metro Noviciado

Otra joya
desconocida

La visita guiada a la Sacristía de los Caballeros (ver doble página anterior) incluye un recorrido por la preciosa Capilla de las Niñas, que también ha recuperado el esplendor de antaño tras un minucioso proceso de restauración. Decorada en tonos rosas y rojos, la capilla toma su nombre de los tiempos en que los caballeros partían a proteger a los peregrinos del Camino de Santiago, o a hacer retroceder a los musulmanes, y dejaban a sus hijas y mujeres al cuidado de las monjas.

El escudo del techo de la capilla es el primer escudo de los Borbones del que se tiene noticias en Madrid. Su diseño es raro pues está totalmente al revés: las imágenes que deberían estar a la derecha están a la izquierda, y viceversa. Esta anomalía heráldica se debe sencillamente a una equivocación del artista en el momento de pintar el escudo.

En la pared derecha de la capilla, un cuadro colgado retrata a una monja de la Orden de las Comendadoras de Santiago vistiendo el hábito original, que lleva la cruz de Santiago en el pecho y que muy rara vez ha sido visto por tratarse del hábito de una monja de clausura. El retrato es de la fundadora de la Orden, Mariana Vélez Ladrón de Guevara, cuyos restos también descansan en la capilla. Curiosamente, los huesos fueron hallados en Valladolid y traídos a Madrid después de una serie de complicaciones, y casi al mismo tiempo, el cuadro fue adquirido en Alemania sin saber que la monja retratada era la propia fundadora de la Orden. En la zona del pequeño altar se ha colocado el féretro sobre el que descansa un hermoso manto tejido a mano y una fecha que simboliza el periplo que realizó el cuerpo hasta encontrar su última morada: Mariana Vélez Ladrón de Guevara (1681-2009).

Durante la visita también puede verse un cuadro de Luca Giordano, recientemente restaurado, que data de 1695. En él, con trazo magistral, Giordano escenifica a Santiago en la Batalla de Clavijo, que tuvo lugar el 23 de mayo del año 844 y que es considerada una batalla legendaria debido a la intervención milagrosa del santo.

LA CASA DE LOS LAGARTOS

6

Mejía Lequerica, 1
Metro Alonso Martínez

*En la selva
madrileña...*

La Casa de los Lagartos debe su nombre a unos grandes lagartos que sostienen la cornisa del edificio. Este inmueble, proyectado en 1911 por Benito González del Valle con el objetivo de construir viviendas de alquiler, tiene la particularidad de tener una fachada once veces más larga que ancha. Así, podemos observar que sus esquinas, en las calles de San Mateo y Fernando VI, no alcanzan los cinco metros de profundidad. La Junta de Salubridad del Ayuntamiento, que consideraba que el edificio debía contar con espacio para patios interiores, estuvo a punto de impedir el levantamiento de la obra pero el arquitecto solventó esta dificultad colocando la escalera en la mitad del edificio y haciendo dos viviendas por planta con todas sus estancias, incluidos los baños, dando al exterior. Una estructura metálica interior permitía la proliferación de vanos que aseguraran la entrada de luz natural.

Otra de sus particularidades reside en el hecho de ser uno de los pocos ejemplos madrileños del movimiento prerracionalista vienés, cuya característica principal es la sencillez geométrica y la simetría de sus elementos decorativos.

Su reciente restauración ha recuperado la magnífica decoración que sigue las directrices de la escuela de Viena, encabezada por Otto Wagner, pero ha sustituido el blanco original por un tono amarillento, más resistente a la contaminación.

LA BENDICIÓN DE LOS ANIMALES EN LA IGLESIA DE SAN ANTÓN

Hortaleza, 72
• Metro Alonso Martínez o Chueca
• Día de la bendición: 17 de enero

> **Dónde bendecir a su mascota**

Cada 17 de enero la iglesia de San Antón acoge a centenares de mascotas. Se trata de la celebración en honor a San Antonio Abad, patrón de los animales según la leyenda que cuenta cómo el santo de origen egipcio, a quien siempre le acompañaba un cerdo, curaba a los animales heridos que encontraba a su paso.

El día de la celebración llegan a la iglesia muchos loros, gatos, perros, peces, tortugas e incluso boas a la espera de que el cura los bendiga con las siguientes palabras: "Reciba, Señor, tu bendición este animal y, por intercesión de San Antón, se vea libre su cuerpo de todo mal". Una vez que esto sucede los dueños reciben un pan dulce, elaborado de una manera especial que supuestamente impide que se ponga duro. Según dicta la tradición, este pan no es para comer sino para guardarlo dentro de un armario junto a una moneda y así evitar que la bendición pierda vigencia. Posteriormente tanto los dueños como las mascotas suelen emprender un recorrido por el barrio con algunos animales del Zoo de Madrid, la policía a caballo, palomas mensajeras del Ejército y los perros de salvamento de los bomberos.

Esta fiesta fue prohibida entre los años 1619 y 1725 y se restauró durante el reinado de Fernando VII. Luego se suspendió dos veces, pero desde 1985 se celebra de manera ininterrumpida.

SAN ANTONIO ABAD Y LOS ANIMALES

San Antonio Abad nació en el actual Egipto, en el siglo III, y se cree que alcanzó a vivir más de 100 años. A una edad muy temprana vendió todo lo que tenía y se entregó a una vida ascética y dedicada a la oración. Se convirtió en ermitaño y emprendió un largo viaje por el desierto. Aquí fue tentado en repetidas ocasiones por el demonio pero no se dejó vencer. Tanto por su estilo de vida como por su devoción, San Antonio tuvo muchos seguidores. Su relación con los animales proviene de la leyenda que cuenta que en una ocasión se le acercó una jabalina con sus jabatos ciegos. El santo les curó la ceguera y, a modo de agradecimiento, la jabalina no se separó nunca más de él, anteponiéndose a cualquier peligro. Luego, muchos otros animales se sumaron a su manto protector y, en términos cristianos, este hecho se interpretó como un don supremo, pues si dominaba a los animales supuestamente también dominaba la creación.

ESCULTURA DE UN PEZ

Calle del Pez esquina Jesús del Valle
• Metro Noviciado

> *La leyenda de la calle del Pez*

El pequeño pez esculpido en el edificio de la esquina de la calle Pez con Jesús del Valle mantiene vivo el origen del nombre de la calle, cuya existencia se remonta al siglo XVII. En ese entonces, el tramo comprendido entre la calle Pozas y San Bernardo se llamaba calle de la Fuente del Cura pues allí vivía, en una hermosa hacienda, Diego Henríquez, un sacerdote de ascendencia noble. En casa, Henríquez tenía cinco pozas, una fuente y un estanque lleno de peces de colores que enseñaba a los vecinos y fieles cada 24 de junio, fiesta de San Juan.

Al morir el cura, Felipe II, que ya había trasladado la Corte a Madrid, adquiere la hacienda y la divide para la construcción de viviendas. Juan Coronel adquiere el área donde se encontraba el estanque y los peces de colores, los cuales se convirtieron en los protegidos de su hija, Blanca. Lamentablemente los peces fueron muriendo uno trás otro debido a los trabajos de albañilería y rehabilitación. Blanca rescató el último pececito y lo metió en una pecera pero, a pesar de sus esmerados cuidados, no sobrevivió. Para intentar calmar el sufrimiento de su hija, Juan Coronel mandó labrar en la puerta de la casa un pez de piedra y un letrero que decía: Casa del Pez. Más tarde, Blanca tomó los hábitos en el vecino Convento de San Plácido. Este convento cayó pronto en desgracia pues 26 de las 30 monjas que allí residían fueron poseídas por el demonio, el cual se manifestaba con los gritos de arrebato y ataques de histeria de las monjas. La Casa del Pez, que luego dio su nombre a toda la calle, fue testigo de éste y otros tantos sucesos del barrio. Con el tiempo la casa de la familia Coronel fue derruida y el pez fue recolocado en el nuevo edificio.

EL CRISTO DE VELÁZQUEZ: EL RECUERDO DE UN REY ENAMORADO DE UNA MONJA...

Después del suceso de las monjas poseídas (ver arriba), el Convento de San Plácido (San Roque, 9) vivió otro escándalo. El rey Felipe IV se enamoró de una monja y mandó construir un túnel desde la vecina casa hasta el aposento de la religiosa. La noche del encuentro la priora hizo que la bella sor Margarita se vistiera de negro y se mostrara rígida, como muerta, y con un crucifijo en la cabecera. En recuerdo de su amor, supuestamente fallecida, Felipe IV regaló al convento un reloj que marcaba las horas con un sonido digno de un funeral. También en relación con este hecho, el rey le encargó a Velázquez que pintara el Cristo que hoy se encuentra en el Museo del Prado y que es conocido como el Cristo de Velázquez.

LA BÓVEDA DE LA IGLESIA SAN ANTONIO DE LOS ALEMANES

Corredera Baja de San Pablo, 16
• Horario: lunes a viernes de 11 a 12 h y de 19 a 20 h. Sábados y domingos de 11. 30 a 13.30 h
• Metro Gran Vía

No existe en Madrid una iglesia como la de San Antonio de los Alemanes, una obra de arte escondida tras unos muros austeros y alejada del circuito turístico a pesar de estar en pleno centro de la ciudad.

> *Una bóveda deslumbrante y desconocida*

Lo más llamativo del recinto es el espacio elipsoidal, cubierto en su totalidad de pinturas al fresco, con imágenes dedicadas a la vida de San Antonio de Padua (1195 – 1231), patrón de los viajeros, los pobres, los albañiles, los panaderos, los papeleros y las mujeres estériles.

Las escenas representadas son absolutamente teatrales, como era costumbre en aquella época en que los principales dramaturgos y escritores (Lope de Vega, Tirso de Molina o Calderón de la Barca) estaban muy ligados a la religión. Por ello, contagiados por el espíritu teatral en boga, las iglesias también buscaban crear espacios con un ambiente religioso que motivara a los fieles.

El tema central de la bóveda, llamada *La Apoteosis celestial de San Antonio* es obra de Francisco Carreño de Miranda. Aquí se puede ver al santo portugués ascendiendo hacia la Virgen, que le espera sobre una nube, acompañada de numerosos ángeles. Los cuadros del primer retablo pertenecen a Vicente Carducho, contemporáneo de Velázquez, y el soberbio retablo mayor a Miguel Fernández, con esculturas de Francisco Gutiérrez.

La iglesia fue fundada en 1606 por Felipe III con la intención de ofrecer una iglesia y un hospital a los portugueses que vivían en Madrid. Por ello, al principio se la conocía como San Antonio de los Portugueses. Una vez que Portugal se independizó de España, Mariana de Austria la cedió a los alemanes católicos que llegaron a Madrid con Mariana de Neoburgo, futura esposa de Carlos II. Desde 1702 la iglesia pertenece a la Hermandad del Refugio, de la que forman parte los actuales reyes de España.

LA RONDA DE PAN Y HUEVO

La Hermandad del Refugio fue popularmente conocida por su labor caritativa, conocida como "la ronda de pan y huevo". El objetivo de esta ronda era ofrecer un huevo duro, un poco de pan y asilo por una noche a las personas sin hogar. En la iglesia todavía conservan la plantilla de madera cuyo agujero servía para medir el tamaño de los huevos que adquirían para los pobres. Los huevos demasiado pequeños eran desestimados por ir en contra del prestigio de la hermandad.

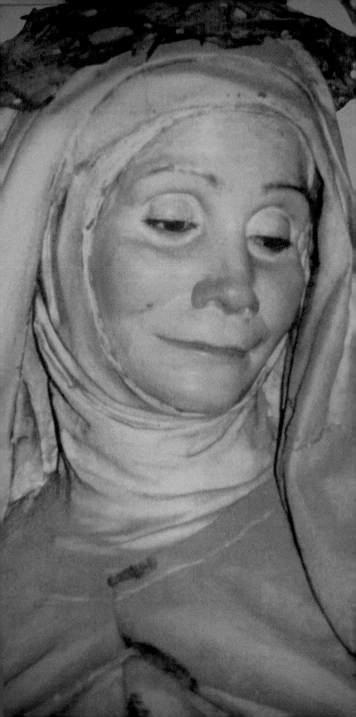

EL CUERPO INCORRUPTO DE LA BEATA MARIANA DE JESÚS

Colegio y Monasterio de las Madres Mercedarias de Don Juan de Alarcón
Valverde, 15 con Puebla, 1
• Horario: miércoles de 10 a 13h. Domingos de misa y el 17 de abril
• Cuerpo incorrupto de la Beata Mariana de Jesús expuesto al público el 17 de abril
• Para las visitas guiadas: 91 522 46 15 / 91 521 99 93
• Metro Gran Vía

El cadáver que huele a manzana

Para acceder a la iglesia del Monasterio de las Madres Mercedarias de Don Juan de Alarcón es necesario tocar el timbre del colegio y atravesar una zona donde los visitantes probablemente se toparán con una gran cantidad de niños. Sin embargo, conforme uno se va aproximando a la iglesia, el silencio se vuelve sepulcral. Es un recinto sagrado donde reposa una futura santa. Se accede por la zona del altar. Una vez dentro, llama la atención, por su belleza y luminosidad, el inmenso cuadro de Juan de Toledo (1611-1665), pintor y militar español mucho más vinculado al arte con temática bélica que religiosa. El inmenso cuadro que corona el altar muestra una representación de la apoteosis de la Inmaculada, que aparece rodeada de ángeles. El gran interés religioso de esta iglesia es el cuerpo incorrupto de la Beata Mariana de Jesús, que se expone al público el 17 de abril. El resto del tiempo la caja donde reposa (un regalo de Isabel II) permanece cerrada. La particularidad del cadáver de la beata es que, según las monjas y los feligreses, desprende un aroma a manzana.

Este convento, que originalmente se llamó Nuestra Señora de la Concepción, fue fundado en 1609 por el sacerdote Don Juan Pacheco de Alarcón. Poco se sabe del origen y de la construcción de este edificio de estilo barroco, sólo que la iglesia se terminó en 1655 y que en 1671 fue reformado por el arquitecto Gaspar de la Peña.

LA MUJER QUE SE DESFIGURÓ LA CARA PARA NO CASARSE

La vida de Mariana estuvo marcada por la fe, la autoflagelación, la renuncia y la oposición de su familia a que tomara los hábitos. De ella se dice que tuvo muchos pretendientes, entre ellos, Lope de Vega. A pesar de que llegó a comprometerse con un joven de la alta sociedad, Mariana no quiso contraer matrimonio, e incluso llegó a desfigurarse la cara cortándose las comisuras de la boca para convencer a su padre de que el único hombre de su vida era Dios. Mariana ingresó en el convento mercedario en 1606. Allí tuvo muchas alucinaciones (más de una vez sostuvo que habló con la Virgen y que jugó con el Niño Jesús), visiones y momentos de éxtasis. Falleció el 17 de abril de 1624 y muchas personas acudieron a besar sus manos y sus pies, incluso un ferviente devoto intentó arrancarle un dedo para llevárselo de recuerdo. Tres años después se exhumó el cadáver y grande fue la sorpresa de los doctores de la Casa Real al encontrar el cuerpo incorrupto, los miembros flexibles y desprendiendo olor a manzana.

LA GALERÍA DE ARTE DEL APARCAMIENTO DE VÁZQUEZ DE MELLA

Plaza Vázquez de Mella
• Metro Chueca

> **Un aparcamiento un poco particular...**

El aparcamiento público Vázquez de Mella es un poco especial: a lo largo de sus paredes, se pueden leer, en rótulos de neón rojos, frases extraídas de *La Divina Comedia*.

Chueca An–Dante es el nombre que eligió la creadora de este proyecto, la arquitecta italiana Teresa Sapey, quien se inspiró en el Canto V de Dante Alighieri para rehabilitar este aparcamiento. En este canto Dante ingresa al segundo círculo del Infierno, donde se encuentra con el horrible Minos, el juez de los condenados por lujuria, que asigna el tipo de castigo de acuerdo al número de vueltas que da su cola. Una de las frases de este hermoso canto es la gran protagonista de este aparcamiento: "Amor, que amar obliga al que es amado, me ató a sus brazos, con placer tan fuerte que, como ves, ni aun muerto me abandona".

El aparcamiento en realidad funciona también como una gigantesca galería de arte, pues de sus paredes cuelgan fotos de hombres, mujeres y niños en actitudes que expresan amor.

Además del esmerado diseño, el aparcamiento cuenta con las últimas novedades tecnológicas, como un lector óptico de matrículas y luces que indican cuántas de las 108 plazas disponibles quedan libres. En la puerta de entrada, específicamente en la rampa de acceso, se puede ver la escultura de un gigante lazo rojo, particular homenaje de la ciudad a la lucha contra el Sida.

COMER DENTRO DE UN APARCAMIENTO...

Lo curioso del restaurante chino del Parking Plaza de España es que está situado en un sótano y dentro de un aparcamiento. Es un local muy pequeño y nadie sabe con exactitud su verdadero nombre porque el cartel está escrito en letras chinas. Sencillamente es conocido como "el chino del parking". Cuenta con siete mesas y una barra, se come bien y a un precio bastante módico. Otra de las cualidades de este lugar es que, al estar ubicado en un subterráneo, se encuentra totalmente aislado y los móviles no suenan por falta de cobertura.

IGLESIA DE LA BUENA DICHA

Silva, 25
• Horario de misa: todos los días a las 12 y a las 19h
• Metro Callao

> *Una iglesia gótica, mudéjar y nazarí*

En una calle estrecha, y apretujada entre edificios de mayor altura, se ubica la extraña iglesia de la Buena Dicha, un tesoro de la arquitectura madrileña que pasa casi desapercibida para el paseante.

Esta iglesia fue construida entre 1916 y 1917 por Francisco García Nava y por encargo de los Marqueses de Hinojales. García Nava optó por un estilo de lo más ecléctico para el diseño. En la fachada se mezclan estilos gótico, mudéjar y nazarí, aunque el uso del ladrillo y la estructura, compuesta de distintos volúmenes y líneas curvas, imprimen un inequívoco carácter modernista al edificio. El interior de la iglesia sorprende por las fabulosas vidrieras que dotan al espacio de una gran luminosidad y por la capilla de la Virgen de la Misericordia, rodeada de un conjunto escultórico que data del siglo XVII.

La historia de esta iglesia empieza realmente en 1594, año en que Fray Sebastián Villoslada funda en este mismo terreno el Hospital de la Buena Dicha e instituye una hermandad dirigida por 12 sacerdotes y 62 seglares. Bajo la advocación a Nuestra Señora de la Concepción o de la Buena Dicha, la hermandad se dedicó a atender a los pobres de la parroquia de San Martín, de la que dependía. La entrada principal de esta hermandad daba a la calle Libreros y en la parte trasera había un pequeño cementerio, conocido como el Cementerio de la Buena Dicha.

Esta hermandad prestó invalorables servicios de asistencia médica durante el Levantamiento del 2 de mayo de 1808 y en el cementerio fueron enterradas heroínas de aquellos tiempos, como Clara del Rey o Manuela Malasaña. A finales del siglo XIX, tanto el hospital como el cementerio fueron derribados y en su lugar se construyó la actual iglesia de la Buena Dicha, que se encuentra bajo la administración de los Padres Mercedarios.

EL DUELO DE LA CALLE DESENGAÑO

Muy cerca de la iglesia de la Buena Dicha se ubica la calle del Desengaño. Es una de las calles más antiguas de Madrid y recibe este particular nombre por la historia que encierra. Supuestamente, dos caballeros enamorados de la misma mujer decidieron batirse en duelo para resolver quién se quedaba con ella, pero una misteriosa sombra negra vino a interrumpir el duelo. Los caballeros salieron tras la sombra y al alcanzarla le descubrieron el rostro. Lo que vieron no fue una persona sino un cadáver, ante el que exclamaron: "¡Qué desengaño!", pues, en vez de un muerto, los caballeros tenían la esperanza de encontrarse con la mujer en disputa.

EL ATAÚD DE ALEXIA GONZÁLEZ BARROS

Iglesia de San Martín de Tours
Desengaño, 26
• Horario: todos los días de 18 a 20.30h
• Metro Gran Vía

La niña santa

Alexia González Barros es considerada por muchos devotos de la religión católica una niña santa aunque todavía está a la espera de que el Vaticano la canonice.
De hecho, hay una asociación llamada "Causa Beatificación Alexia" que recibe los agradecimientos de las personas que consideran que Alexia ha intercedido favorablemente en sus vidas con acciones milagrosas.

Alexia, conocida como "La Sierva de Dios", fue una niña ejemplar, entregada a la devoción y vinculada –al igual que el resto de su familia- al Opus Dei. A los trece años sufrió un tumor maligno y posteriores complicaciones de las que no se recuperó nunca. Sobre ella se han escrito al menos ocho libros, traducidos a diversos idiomas, y se ha hecho una película basada en su vida (*Camino*, de Javier Fesser).

Sus restos descansan en un pequeño ataúd dorado, donado por los propios fieles, en el templo de San Martín de Tours, en pleno centro de Madrid. El templo, que empezó a construirse en 1725, presenta una sobria fachada de ladrillo con dos torres en los extremos. En el Altar Mayor se puede ver una imagen de San Martín a caballo, obra de Ricardo Bellver.

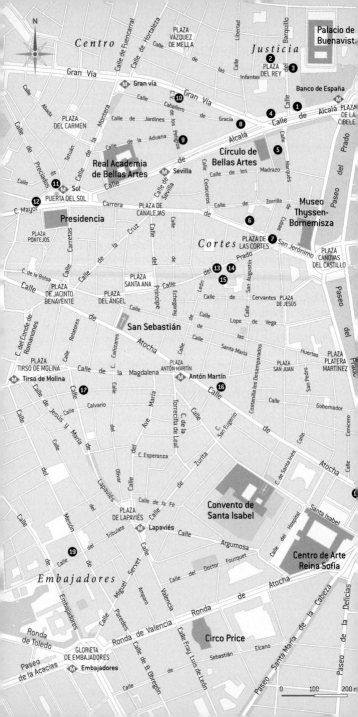

CENTRO-ESTE

CÁMARA ACORAZADA
DEL INSTITUTO CERVANTES

Alcalá, 49
- Tel.: 91 436 76 00
- Sólo se aceptan visitas grupales: rei3@cervantes.es
- Metro Banco de España

> *Donde duermen los futuros recuerdos de grandes maestros*

En el sótano del edificio del Instituto Cervantes, la llamada "Caja de las Letras" alberga la espectacular y desconocida cámara acorazada diseñada por el arquitecto Manuel Cabanyes en 1944 con el objetivo de alojar las cajas de seguridad del antiguo banco.

Se accede por una gran puerta circular y maciza de casi 50 centímetros de espesor, tecnología punta de la época al servicio de la seguridad. El ambiente consta de dos plantas, 1.800 cajas de seguridad y 6 pequeñas habitaciones donde los banqueros mostraban el contenido de las cajas a sus dueños, cada vez que ellos lo requerían. En 2007, la función de esta antigua bóveda cambió drásticamente convirtiéndose en un espacio sentimental pensado para sobrevivir al paso del tiempo. Aquí, grandes personajes de la cultura hispánica depositan un legado secreto en una de las cajas de seguridad que sólo podrán abrirse cuando los escritores, músicos, artistas, científicos, arquitectos o músicos invitados a participar así lo decidan o lo dejen suscrito. El escritor Francisco de Ayala fue el primero en depositar varios libros y una carta manuscrita que no podrán ver la luz hasta el año 2057. Entre otros autores que ya tienen una caja de seguridad a su nombre están Juan Gelman, Luis García Berlanga, José Emilio Pacheco, Ana María Matute o Antoni Tàpies.

La sede del Instituto Cervantes, institución pública creada en 1991 para la promoción y enseñanza de la lengua española y para la difusión internacional de la cultura hispánica, no deja indiferente al visitante. El antiguo Banco Español del Río de la Plata y, posteriormente, Banco Central Hispano, construido por Antonio Palacios y Joaquín Otamendi en 1918 y ampliado en 1947, fue remodelado para adaptarse a las necesidades de una de las instituciones culturales más prestigiosas de España. Sin embargo, como testigos de otra época, algunos espacios han permanecido intactos pasando a cumplir una función distinta. Tal es el caso de las antiguas ventanillas del banco que hoy habita el equipo técnico del canal de televisión por Internet de la institución. Las ventanillas están en el vestíbulo y forman parte de un área destinada a exposiciones siempre relacionadas con la cultura.

En la zona del vestíbulo se pueden ver unas fotografías a gran escala de la antigua cámara acorazada y actual Caja de las Letras.

UNA EXPLICACIÓN PARA LAS APARICIONES FANTASMAGÓRICAS...

La iglesia de San José y la Casa de las Siete Chimeneas no están muy lejos de la plaza de Cibeles, lugar encantado por excelencia, y del edificio que un día fue hospital de la Corte e iglesia del Buen Suceso, en cuya torre del reloj Lucifer escondió a un oficial francés de las derrotadas tropas napoleónicas para que pudiera escapar de la furia de la multitud (ver página 127). Esta iglesia era la única de la ciudad donde se oficiaba misa a altas horas de la noche. Este dato servirá para explicar en parte el misterio de las apariciones de los fantasmas madrileños.

La parroquia de San José y la plaza de Cibeles son zonas por donde fluyen tres corrientes de aguas subterráneas, donde el telurismo y la energía electromagnética pueden ser más intensas y susceptibles de provocar fenómenos paranormales o sobrenaturales por la alteración de los sentidos humanos. Sin embargo, otra explicación a estos fenómenos es la celebración de la Adoración Nocturna, instituida por las cofradías del Santísimo Sacramento, y fundada por siete católicos distinguidos que, la noche del 3 de noviembre de 1877, celebraron la primera vigilia en la iglesia del desaparecido Convento de los Capuchinos del Prado, justo enfrente del actual edificio del Congreso de Diputados. La institución de Adoración Nocturna surgió poco después de que el Tribunal del Santo Oficio en España fuera abolido (5 de julio de 1834) y las libertades intelectuales, artísticas y religiosas fueron liberadas, dejando sueltos a los fantasmas del pasado. Las leyendas urbanas sobre espíritus de otro mundo pudieron surgir de la extrañeza general frente a las vigilias religiosas en horas muertas donde los cuerpos suelen reposar y las almas andan sueltas.

EL FANTASMA DE LA CASA DE LAS SIETE CHIMENEAS

②

Plaza del Rey, 1
• Metro Banco de España

> *Un espíritu en el tejado*

L a Casa de las Siete Chimeneas es una de las pocas casonas del siglo XVI que todavía permanece en pie. Actualmente es la sede del Ministerio de Cultura, pero hasta hace poco menos de un siglo una leyenda negra planeaba sobre este edificio.

Se dice que allí vivió una hija ilegítima de Felipe II. Supuestamente, la joven contrajo matrimonio con un capitán que a las pocas semanas de la boda falleció en la batalla de San Quintín. Meses después, la viuda murió de pena o tal vez asesinada (nunca se esclarecieron las causas de su fallecimiento). La parte escabrosa de la historia es que, al parecer, la viuda fue emparedada en una de las habitaciones de la casona y que los siguientes habitantes nunca dejaron de oír los pasos de la difunta. Poco tiempo después, los vecinos aseguraron ver a una mujer ataviada con ropajes blancos y vaporosos con una antorcha en la mano.

La Casa de las Siete Chimeneas fue construida entre 1574 y 1577 por el arquitecto Antonio Sillero para Pedro de Ledesma. En 1583 fue adquirida por el comerciante genovés Baltasar Cattaneo, quien realizó las primeras modificaciones y ampliaciones, como el tejado a cuatro aguas y las curiosas siete chimeneas, una por cada habitación. Hasta 1716 perteneció al doctor Francisco Sansi y Mesa y al mayorazgo de la familia de los Colmenares. Luego pasó a manos de los condes de Polentinos.

Debido a su condición de "vivienda para nobles"–en su día, también perteneció al marqués de Esquilache–, la casona sufrió diversas remodelaciones. Durante el siglo pasado fue la sede de distintas entidades bancarias, pero ni las remodelaciones ni los cambios de dueño han borrado la leyenda del espíritu de una mujer que merodea por las siete chimeneas.

EN LOS ALREDEDORES :

UNA ESCULTURA MITAD HOMBRE, MITAD PEZ

③

Calle del Barquillo, 8

En la fachada del número 8 de la calle del Barquillo se pueden ver unos monstruos, mitad hombre y mitad pez, que parecen soportar sobre sus espaldas el peso de los balcones. El edificio es obra de José Urioste y Velada, quien en 1904 recibió el encargo de construir un palacio para Adolfo Rúspoli y Godoy, duque de Sueca y de Alcudia. Seis años después, Urioste –quien también realizó el ensanche de la Gran Vía– terminó esta casa palacio de planta cuadrada, con dos viviendas independientes que daban a un patio central rectangular.

LA FANTASMA ENAMORADA DE LA IGLESIA DE SAN JOSÉ

❹

Iglesia de San José
Alcalá, 43
• Metro Sevilla

> ❝ *La iglesia más buscada por los "cazadores de fantasmas"*

L a iglesia de San José de Madrid, ubicada en el número 43 de la calle Alcalá, es posiblemente la más buscada por los "cazadores de fantasmas" que, se dice, abundan en toda la ciudad y sobre todo en este lugar.

La primera de las historias sucedió en el siglo XIX, poco después de la expulsión en 1836 de las Carmelitas Descalzas de San Hermenegildo, que desde 1586 habitaban el convento al cual la iglesia de San José pertenecía. Al partir dejaron los edificios vacíos y sin uso, quedando en el recuerdo los fantasmas de los antiguos habitantes. Fue entonces cuando ocurrió el siguiente extraño caso. Después de cenar con su familia en Nochevieja, un joven fue a uno de los bailes que se celebraban en los palacios de los nobles de Madrid. Estaba observando a los invitados desde hacía un rato cuando, a las tres en punto de la madrugada, entró en la sala la muchacha más hermosa que jamás había visto. Se apresuró en saludarla y pasaron la noche bailando. Ya casi de día, la joven le dijo que tenía que volver a casa. Caminaron de la mano por las calles de Madrid hasta que llegaron a la iglesia de San José. "Yo me quedo aquí", dijo ella. El galán pensó que se había equivocado, sin embargo, ante su insistencia pensó que ella le tomaba el pelo y se fue molesto. Al día siguiente al mediodía el joven volvió a pasar delante de la iglesia y vio que se celebraba un funeral. Curioso, entró en el templo y se aproximó al féretro para ver quién había muerto. Grande fue su espanto al ver que en el ataúd estaba la joven con la que había bailado la noche anterior. A punto de desmayarse, salió corriendo de la iglesia cuando oyó que alguien le seguía. Era una joven. Le preguntó qué le pasaba. Cuando el galán le contó lo que había ocurrido, ella le dijo: "Esa muchacha era mi prima. Siempre estuvo enamorada de ti, sin embargo era demasiado tímida para acercarse y decirte algo. Ayer, a la tres de la madrugada, murió…"

Hay otra versión de esta leyenda urbana aunque cambian los nombres de los protagonistas: él se llamaba John y era inglés. Ella, Elena de Mendoza, perteneciente a una familia noble. Ambos se encontraron en un baile de máscaras durante la fiesta de carnavales. Supuestamente, esto ocurrió el 12 de febrero de 1853.

Esa leyenda es el punto de partida para otras que le siguieron, también en las proximidades de la iglesia de San José, y también protagonizadas por apariciones sobrenaturales como la de la Casa de las Siete Chimeneas (ver página anterior).

EL JARDÍN ENIGMÁTICO DE CASA RIERA ❺

Marqués de Casa Riera, 1
• Metro Sevilla

> *La leyenda negra del jardín de Casa Riera*

Tras la verja de acceso al edificio de oficinas situado en la calle Marqués de Casa Riera, 1 se adivina el jardín de Casa Riera. En teoría, sólo pueden entrar quienes van a las oficinas, pero el patio alberga una cafetería con terraza abierta al público que permite disfrutar de las vistas de este jardín que guarda una leyenda trágica.

Se dice que un antepasado del marqués de Casa Riera sufrió un terrible desengaño amoroso. En su jardín se encontraron sin vida el cuerpo de un hombre atravesado por un estoque y el de una mujer vestida de blanco. Nadie supo jamás quién los asesinó. Sólo se supo que en el lugar donde se cometió el crimen se mandó plantar un ciprés. El palacio quedó abandonado y el marqués ordenó que éste permaneciera deshabitado hasta que el ciprés muriera, algo que en cierta forma se cumplió pues, hasta su demolición, ninguno de los siguientes dueños pasó mucho tiempo en la vivienda.

El marqués de Casa Riera obtuvo este título en 1834 por los servicios prestados a la Corona. Aproximadamente por esa época compró este palacio para su mujer, doña Raimunda Gibert y Abril, pero apenas vivieron en él pues pasaron la mayor parte del tiempo que les quedó de vida en París. A finales del siglo XIX, debido a la desamortización, la zona fue remodelada por completo pues muchos edificios religiosos aledaños fueron expropiados. El convento vecino fue demolido así como el palacete, el jardín y el ciprés maldito que mantuvo alejados a los propietarios del lugar. Un descendiente del marqués, Alejandro Mora y Riera, construyó en el mismo solar un nuevo edificio, en el que tampoco habitó mucho tiempo. En los años 30 el arquitecto Rodríguez Avial construyó otro edificio que fue, hasta 1977, una de las sedes principales de los franquistas. Durante muchos años el jardín simplemente no existió, hasta que, en los años 90, las paisajistas Carmen Añón y Myriam Silber crearon, en el mismo lugar donde se ubicaba el jardín, un nuevo espacio acorde con el estilo del nuevo edificio y el Madrid de los tiempos del ciprés y de la pareja asesinada. El jardín, que dibuja formas geométricas, está rodeado por un paseo con arcos, recubierto de plantas y flores, lo que genera un ambiente húmedo, donde apenas entra la luz. Un lugar tan romántico como inquietante.

BIBLIOTECA DEL CONGRESO DE LOS DIPUTADOS

6

Carrera de San Jerónimo, 39
• Tel.: 91 390 60 00 • www.congreso.es
• Metro Sevilla
• Para acceder es necesario solicitar un carné de investigador: descargar la solicitud de la web y enviarla con dos fotografías y una fotocopia del documento de identidad • Visitas guiadas (máximo 55 personas) los sábados entre las 10.30 y las 12.30h • Jornada de puertas abiertas una vez al año, en el día de la Constitución (6 de diciembre)

La biblioteca más importante del siglo XIX

La Biblioteca del Congreso de los Diputados es un lugar verdaderamente mágico. Sin duda se trata de la biblioteca más importante del siglo XIX en Madrid, una obra arquitectónica de gran calidad tanto por su diseño como por la sensación de intimidad que transmite. Lamentablemente no está incluida en la visita guiada que tiene lugar cada sábado: la única manera de visitarla es presentando una solicitud que se obtiene fácilmente (ver arriba). El motivo es simple: la sala de lectura está integrada a la biblioteca y las visitas perturbarían la paz de los lectores.

El salón de lectura, construido por Arturo Mélida en 1885, presenta una estructura ovalada y cuatro alturas, lo que permite contemplar los diferentes anillos repletos de libros. Las estanterías son de cedro y caoba y el techo presenta una alegoría del templo de las leyes, obra de José María de Gamoneda. El fondo bibliográfico está centrado en la historia política de la España contemporánea pero también cuenta con algunos libros raros, como dos códices del siglo XV, una gran cantidad de folletos del siglo XIX, manuscritos y ocho incunables.

La visita guiada es muy interesante y permite visitar otras áreas del Congreso. El espacio más impresionante es el vestíbulo principal de forma elíptica presidido por una escultura de la Reina Isabel II. Alrededor de la escultura se pueden ver retratos de 18 destacados políticos de los siglos XIX y XX, y también una mesa de caoba sobre la que supuestamente se firmó la Constitución de 1812.

LOS AGUJEROS DE BALA DEL GOLPE DE ESTADO DE 1981

Al levantar la vista en el hemiciclo del Congreso de los Diputados de Madrid, el visitante se sorprenderá al ver dos agujeros de bala en el techo. Estos agujeros recuerdan uno de los momentos más difíciles que vivió el país: el Golpe de Estado del 23 de febrero de 1981.

PRESENCIAR UNA SESIÓN DEL CONGRESO DE LOS DIPUTADOS

El Congreso de los Diputados de Madrid ofrece a cualquier ciudadano mayor de edad la posibilidad de asistir a una sesión plenaria en el hemiciclo. Sólo hace falta falta presentar un documento de identidad los viernes entre las 18 y las 2h. Se entra por la calle Zorrilla.

CAÑONES CONVERTIDOS EN LEONES

Los emblemáticos leones que custodian la entrada al Congreso de los Diputados son obra de Ponciano Ponzano y fueron fundidos con el bronce de unos cañones utilizados por el enemigo en la Guerra de África (1859 -1860).

Director-Gerente: OTTO KERCHER

Madrid,

...do Claudio:

...O para vernos a Dalí y a mí.

...dar a Zaragoza. Recurrimos

...devolveremos dentro de cinco dí...

...acias

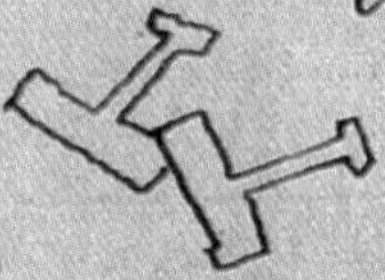

...ca

...ia

...ac

...a!

M.ª ¡ Gracias

...tan inteligentes i...

Un abrazo

Federico

ESPACIO PALACE

Hotel The Westin Palace
Plaza de las Cortes, 7
• Tel.: 91 360 80 00
• Metro Sevilla

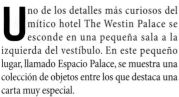

Uno de los detalles más curiosos del mítico hotel The Westin Palace se esconde en una pequeña sala a la izquierda del vestíbulo. En este pequeño lugar, llamado Espacio Palace, se muestra una colección de objetos entre los que destaca una carta muy especial.

Cuando Lorca y Dalí pidieron dinero prestado para Buñuel...

La carta tiene el membrete de la Brasserie del Madrid Palace-Hotel, la espléndida cervecería con 55 mesas de billar que frecuentaban los artistas de la época, y está dirigida a Claudio de la Torre, novelista, poeta, dramaturgo y director de cine canario. En ella, Salvador Dalí y Federico García Lorca le piden 125 pesetas para que Luis Buñuel, que "se gastó todo el dinero", pueda marchar a Zaragoza. Entre algunos dibujos de Dalí se pueden leer unos versos de Lorca: "Alfonso Doce de plata/ vuela en la moneda blanca./ De corcho y hoja de lata/ mi cuerno de la abundancia./ ¡Me gasté en el bar del Palace/ mis monedillas de agua!"

Junto con la carta de Dalí y Lorca hay otros objetos curiosos, como es el caso de una prensa de cocina para extraer el jugo del pato, una de las especialidades del restaurante principal durante muchos años, así como algunas fotografías de la inauguración por Alfonso XIII. También las primeras llaves, los primeros registros de huéspedes, felicitaciones navideñas, cafeteras de plata, candiles y portavelas, entre otros detalles que hablan de otros tiempos y que han sido testigos de visitas ilustres, desde Marlon Brando o el Dalai Lama hasta Buster Keaton, Hemingway o la propia Mata Hari.

UNA CÚPULA QUE PERMITIÓ REALIZAR INTERVENCIONES QUIRÚRGICAS DURANTE LA GUERRA CIVIL

Durante la Guerra Civil el hotel se convirtió en hospital republicano y el salón de baile (actual restaurante La Rotonda) fue el lugar donde se realizaban intervenciones quirúrgicas debido a la cúpula que iluminaba el espacio.

Muchos años después, cuando la calma volvió al Palace, el escritor argentino Jorge Luis Borges eligió este lugar como uno de sus rincones preferidos, precisamente porque la cúpula le permitía ver algunos rayos de luz, a pesar de su ceguera.

EL DESEO presenta

MUJERES
al borde de un
ataque
de
NERVIOS

**un film de
ALMODÓVAR**

**Carmen Maura
Antonio Banderas
Julieta Serrano**

María Barranco
Rossy de Palma
Guillermo Montesinos
Kiti Manver
Chus Lampreave
Yayo Calvo
Loles León
Ángel de Andrés López
y la colaboración de
Fernando Guillén

figuración **José M.ª de Cossío**
sonido **Guilles Ortión**
producción **Esther García**
montaje **José Salcedo**
música **Bernardo Bonezzi**
fotografía **José Luis Alcaine**
producción **Antonio Llorens**
productor **Agustín Almodóvar**

guión y dirección
Pedro Almodóva

EL MADRID DE PEDRO ALMODÓVAR

Madrid es un escenario fundamental en casi todas las películas de Pedro Almodóvar. He aquí algunos de los rincones de la ciudad en los que el cineasta ha recreado sus historias:

En el séptimo piso del número 7 de la calle Montalbán se ubica el ático donde vivía Carmen Maura en *Mujeres al borde de un ataque de nervios*. En el número 15 de la plaza Santa Ana hay un bar de copas de decoración árabe-andaluza, muy kitsch. El lugar, de nombre Villa Rosa, es muy curioso, aunque con los años ha perdido encanto. Fue en este local donde se rodó la escena de *Tacones Lejanos* en la que Miguel Bosé interpreta al transformista Femme Letal y canta *Un año de amor* de Luz Casal.

En Almagro, 38 se ubica la casa de la familia de Antonio Banderas en *Mujeres al borde de un ataque de nervios*, y en el número 3 de la calle Sevilla, la casa de Kika en *Kika*. Otro de los edificios emblemáticos de la ciudad que utilizó Almodóvar es el del número 6 de la calle Bordadores. Aquí, supuestamente, vivía Marina, la actriz porno que interpretaba Victoria Abril en *Átame*.

El teatro María Guerrero (Tamayo y Baus, 4), actual sede del Centro Dramático Nacional, fue el tercer teatro que se construyó en Madrid después del teatro de la Comedia y el Price, y es obra del arquitecto Agustín Ortiz de Villajos. Este edificio, construido en 1884 por encargo del marqués de Monasterio, fue elegido por Almodóvar para que Becky del Páramo, personaje interpretado por Marisa Paredes en *Tacones Lejanos*, volviera a los escenarios. La casa de Becky se sitúa en la plaza del Alamillo, en el barrio de La Latina.

Construido en 1919 y diseñado por Antonio Palacios, el Círculo de Bellas Artes (Alcalá, 42) es un edificio característico de Madrid. Aquí, en la cafetería del Círculo, Peter Coyote y Victoria Abril discuten acerca de los guiones del *reality show* sobre el que se centra la película *Kika*.

En el número 18 del Paseo de Eduardo Dato se puede ver la casa de Javier Bardem y Francesca Neri, o David y Helena en *Carne trémula*. El final de esta misma película se rodó en la calle Arenal decorada con adornos navideños para la ocasión. Almodóvar también ha utilizado los monumentos más famosos de la ciudad, como la Plaza Mayor en *La flor de mi secreto*, y la Puerta de Alcalá al inicio de *Carne trémula*, así como el aeropuerto de Barajas, la estación del AVE en Atocha y el cementerio de la Almudena.

MUSEO

MUSEO DE RELOJES DE LA JOYERÍA GRASSY ❽

Gran Vía, 1
• Tel.: 91 532 10 07 • Pedir cita por teléfono
• Horario de las visitas: jueves a las 18 h y viernes a las 11 h
• Metro Gran Vía o Banco de España

> *La colección privada de Alejandro Grassy*

Es posible visitar, con cita previa, el pequeño y desconocido museo de relojes antiguos ubicado en el sótano de la joyería Grassy. Este pequeño museo, tan discreto como original, se inauguró en 1953 y muestra la colección privada de Alejandro Grassy, fundador de la casa. Hay relojes muy curiosos, como un pequeño reloj de sol en bronce y mármol, el reloj trofeo francés que presenta una serpiente cuya lengua sirve para marcar las horas, o el reloj perpetuo en honor a Copérnico, que incluye un órgano de tubos, y marca hasta los signos zodiacales, una pieza verdaderamente singular.

Acceder a estos relojes de diferentes formas y tamaños, en su mayoría ingleses y franceses, aunque también algún holandés y norteamericano,

además de la colección de relojes japoneses del siglo XVIII, es tener la oportunidad de recorrer la historia de la relojería entre los siglos XV y XIX. La visita guiada ofrece una explicación detallada y muy amena de cada uno de ellos y permite descubrir a grandes relojeros como James Cox, cuyo reloj con autómatas es una de las piezas más curiosas del museo, o John Harrison, célebre por crear, a mediados del siglo XVIII, el primer reloj marítimo de alta precisión, capaz de determinar la longitud en tiempos en que un segundo de diferencia implicaba una milla de error.

EN LOS ALREDEDORES :

UN HOTEL CON VISTAS ❾

La quinta planta del hotel Petit Palace Alcalá (Virgen de los Peligros, 2) alberga el restaurante "El Bilbaíno". El gran secreto de este restaurante son las espectaculares vistas de la calle Alcalá y de sus más emblemáticos edificios. Desde aquí se puede observar con detenimiento la cúpula del Teatro Alcázar (Alcalá, 20), las cuadrigas del antiguo Banco de Bilbao y el antiguo Palacio de La Equitativa (Alcalá, 14 y Sevilla, 3), que presenta una gran cantidad de detalles ornamentales, como las dos figuras femeninas que simbolizan la Viudez y la Orfandad.

CASINO MILITAR - CENTRO CULTURAL DE LOS EJÉRCITOS

Cuartel General de los Ejércitos
Gran Vía, 13
• Tel.: 91 522 24 09
• Metro Gran Vía

A unque el acceso al Casino Militar, conocido también como Centro Cultural de los Ejércitos, está restringido a militares y socios, el restaurante de la segunda

El Madrid de hace un siglo...

planta está abierto al público y permite explorar parte de las instalaciones.

El Casino Militar fue construido por Eduardo Sánchez Eznarriaga entre 1916 y 1918 con el fin de crear un lugar de esparcimiento y deporte para uso exclusivo de los militares. Antiguamente estaba en la plaza de Santa Ana, donde luego se construiría el Hotel Reina Victoria. Si bien el objetivo es ofrecer un servicio exclusivo a los socios, con el tiempo algunas de sus instalaciones han sido abiertos al público, como es el caso del restaurante (que cuenta con unas magníficas vistas a la Gran Vía), del gimnasio y de la escuela de esgrima. El gimnasio, ubicado en el sótano, parece haberse detenido en el tiempo pues cuenta con una bicicleta estática de principios del siglo XX que funciona de maravilla. La sala de esgrima es espectacular e histórica: es la más antigua de Europa todavía en funcionamiento. Tiene cien metros cuadrados y presenta una colección de espadas y floretes antiguos que bien merece detenerse a contemplar.

Dos de sus plantas funcionan como hotel, sólo para militares y familiares de militares, a precios muy reducidos. También cuenta con servicio de peluquería y una biblioteca que presenta un sistema de calefacción antiguo que consiste en una barra de metal justo a la altura de los pies del lector. Esta sala alberga una colección de miniaturas con los diferentes uniformes de la Armada Española a lo largo del tiempo.

El amplio vestíbulo de la entrada desemboca en una espaciosa sala de baile revestida en mármol, cuyo techo está cubierto por un espléndido cristal modernista. En un lugar así no podía faltar un piano de cola que, cuando se celebran bailes o audiciones de música, se convierte en protagonista de la velada. En general, todo en este edificio, incluida la amplia escalera de madera y la gran cantidad de parafernalia militar colgada de las paredes, da una clara imagen de lo que fue el estilo de vida a principios del siglo XX, cuando la Gran Vía empezó a construirse y Madrid fue poco a poco transformándose en una gran ciudad.

SIMBOLISMO TRADICIONAL DE LA PUERTA DEL SOL: HISTORIAS DE LUCIFER Y DE VENUS...

El nombre de la Puerta del Sol viene de un sol que adornaba la verja de entrada de una fortaleza del siglo XV, orientada hacia levante. Este sol de piedra desapareció con el tiempo y en el siglo XIX sus funciones simbólicas fueron reemplazadas por las del reloj de la torre de la Casa de los Correos, el edifico más antiguo de esta plaza. El pueblo madrileño suele reunirse aquí para celebrar la Nochevieja anunciada por las doce campanadas del reloj. Lo que pocos saben es que esas mismas campanadas también guardan relación con Lucifer.

El célebre reloj (que provenía de la derribada iglesia del Buen Suceso y no es el actual) fue, sin querer, protagonista de un hecho extraño: el 2 de noviembre de 1812, las tropas napoleónicas ocuparon Madrid y un capitán de los dragones franceses se refugió en el edificio de la torre del reloj, acompañado de unos soldados que consiguieron sobrevivir a la furia popular de la revuelta madrileña. Cuando los madrileños descubrieron el escondite, cercaron la Casa de Correos con el fin de asesinarles. Los soldados consiguieron huir, pero del capitán no se supo nada más. Cuenta la leyenda que el propio Lucifer escondió al capitán dentro del reloj. A pesar de las búsquedas minuciosas dentro de la maquinaria, sólo pudieron encontrar un pequeño ratón, y fue así como se explicó la misteriosa desaparición del capitán francés: el diablo lo transformó en ratón para que escapase.

Por ello se dice que las doce campanadas del reloj de la Puerta del Sol en Nochevieja también sirven para conjurar a Lucifer (del latín *Lux fero*, "portador de luz"; ver p.35), nombre que los antiguos romanos eligieron para llamar al planeta Venus por ser la primera estrella que se ve al amanecer del primer día del año. En este caso el primer día del año es iluminado por Lucifer o Venus, la "estrella de la mañana", que viene a ser el personaje central de esta patriótica leyenda urbana.

Por la similitud de sus trayectorias diurnas, Venus también ha sido asociado al sol. Los pueblos antiguos, celtas y romanos, consideraban a este planeta un astro divino, mensajero del sol que intercede entre el sol y la humanidad. Tal vez por ese motivo el sol también se ubica en el centro axial de Madrid, la Puerta del Sol, el lugar de donde parten todos los caminos. Así, también, en las antiguas teologías, Lucifer era el tránsito entre el hombre y Dios, y viceversa.

ORIGEN Y EVOLUCIÓN DEL NOMBRE MADRID

Edificada en la margen izquierda del río Manzanares, Madrid fue elevada a la categoría de capital por Felipe II en junio de 1561 al trasladar desde Toledo la Corte de 30.000 habitantes. Con la llegada de la Corte la ciudad creció vertiginosamente construyéndose edificios, iglesias y conventos en torno a los cuales la vida social siempre fue en aumento.

Según las crónicas de la época, la elección de Madrid como nueva sede política de la antigua Hispania se debió, sobre todo, al hecho de que en aquel entonces era un oasis paradisíaco con jardines, bosques, prados, fuentes y un permanente cielo azul. Por otra parte, los productos de caza y agrícolas eran suficientes para mantener a la escasa población de aquellos tiempos. Para evitar los maleficios de los agresivos vientos de la Sierra de Guadarrama se plantaron árboles de gran tamaño que proporcionaron un ambiente de agradable frescura.

Las crónicas más antiguas sobre Madrid datan del siglo X. En ellas, el lugar donde se levantaría el Palacio Real durante el reinado de Felipe V se describe como una fortaleza amurallada.

Etimológicamente, Madrid se puede analizar a través de las lenguas celtas que luego formarían parte de las lenguas de otros pueblos que se asentaron en las tierras del Manzanares. Existen evidencias arqueológicas que prueban la existencia del hombre en esta zona desde el Paleolítico y también de una población que se remonta al Neolítico, y a las edades de Bronce y Hierro, por lo tanto a la protohistoria.

Los celtas empleaban el término "magos" para referirse al "campo". Semánticamente la palabra se fue ampliando hasta incluir el significado de la palabra "mercado". "Magos" es el primer término incluido en el topónimo Madrid, siendo su segundo nombre "ritum", término con el que los celtas

designaban los lugares por donde discurrían las aguas fluviales. "Magos" y "ritum" son las palabras originales que constituyeron el topónimo Madrid. El Magoritum celta se transformó en la palabra morisca Magerit, que en árabe se pronuncia Madjerit, y que luego se convirtió en Madrit y Madrid.

Los celtas sucedieron a los romanos en la dominación de Magoritum dándole el nombre de Osoria, luego denominado Ursaria, por existir abundantes osos en la zona y, sobre todo, porque sus habitantes se defendían de los invasores "como feroces osos guerreros".

Refiriéndose al periodo romano madrileño, varios autores de entre los siglos XVII y XIX hablaron y escribieron sobre los orígenes mitológicos de la ciudad como producto de un deseo íntimo de emular la historia de otras ciudades europeas y por el desconocimiento de antiguas civilizaciones que con los años fueron redescubiertas por los investigadores científicos. Los que creyeron en el origen mitológico de Madrid afirmaron que se llamaba Metragirta o Mantua Carpetana, y que fue fundada por Ocno Bianor, hijo de Tiberio, rey de Toscana, y de la bella Manto.

A finales del siglo IX, los árabes, bajo el dominio del califa Muhammad I, quinto emir independiente de Córdoba e hijo de Abderramán II, construyeron un alcázar en una colina sobre la margen izquierda del Manzanares. Fue así como Madrid tomó la forma de una verdadera ciudad en una sociedad más pastoril que sedentaria. Su nombre empezó a pronunciarse en las voces moriscas Magerit, con sus variantes Madjerit, Mageridum, Magritum, Matritum, Mayrit, etc.

Entre los madrileños musulmanes ilustres destaca Abul-Qasim Maslama, astrónomo y matemático.

Después de la conquista de Toledo por Alfonso VI de Castilla la ciudad pasa a ser dominada por los cristianos y, aunque cambió de manos moras a cristianas sucesivas veces, fue conquistada definitivamente en 1085. Entonces, Mayrit arábica se convirtió en Madrid románica.

Mayrit hereda el nombre Madrid pre-musulmán en alusión al arroyo que corría entre dos colinas frente al pueblo. También la llamaron Matriz, Madre de dos aguas. El nombre Mayrit está compuesto por el término árabe Mayra, que significa "madre", y el sufijo ibero-romano "it", equivalente a "lugar". La palabra Madrid responde al epíteto "Madre de dos aguas" y alude a la Creación en el Jardín del Edén por lo que podría ser interpretada como "Madre de Dios".

Como se ha podido demostrar, Madrid fue un pueblo fundado por un clan de etnia celta cerca de un riachuelo, cruzando el río Manzanares, en un campo edénico que a sus fundadores les hizo pensar en el Paraíso bíblico.

ESCUDO DE LA CASA DE CORDERO

Esquina calle Esparteros con calle Mayor
• Metro Sol

> **La lotería que permitió la construcción de un edificio emblemático**

En la esquina de las calles Esparteros y Mayor se alza un escudo sostenido por dos osos. Dicen que se trata del escudo de armas del promotor Santiago Alonso Cordero, pero el blasón del apellido Cordero contiene en realidad dos corderos y un castillo de oro. Es más probable que el escudo esté relacionado con el lugar de origen del promotor, un pequeño pueblo de la provincia de León llamado Santiago Millas. La rueda en el centro podría representar el estilo de vida de los maragatos (nombre por el que se conoce a los nacidos en la provincia de León). Fueron unos grandes viajeros que solían recorrer el oeste y centro de España en sus carromatos vendiendo productos artesanales. De hecho, la Casa de Cordero fue también conocida como la Casa del Maragato, y Alonso Cordero, un tipo muy peculiar que llegó incluso a protagonizar algunas páginas de los episodios nacionales de Benito Pérez Galdós, siempre iba vestido con el traje típico del maragato.

Casa de Cordero es un edificio emblemático de la Puerta del Sol que guarda una historia muy curiosa y desconocida para la mayoría de los madrileños. Cuentan que su construcción fue posible gracias a que Cordero fue premiado con varios premios de lotería a la vez. Incluso se llegó a decir que el premio era tan elevado para la época que el Departamento del Tesoro le cedió el terreno al no tener el dinero suficiente para pagarle. También hay quienes sostienen que en realidad el señor Cordero no ganó ningún premio, pero que tenía muy buenos contactos en la Administración Pública, lo que le permitió comprar un terreno muy deseado por su ubicación en una época, mediados del siglo XIX, en que las construcciones madrileñas todavía no alcanzaban grandes proporciones. La historia de la lotería podría haber sido también una invención para justificar la adquisición del terreno.

Casa de Cordero, obra del arquitecto Juan José Sánchez Pescador, ocupa una manzana entera y fue tomado como modelo arquitectónico por su simpleza y funcionalidad: las viviendas se ajustaban a distintos perfiles económicos y sociales. Por ello se le considera el primer bloque de viviendas de la ciudad. El edificio también albergó una casa de huéspedes mítica llamada La Vizcaína en honor a la dueña, una mujer nacida en Vizcaya. El edificio se construyó en el terreno donde antes se alzaba el Monasterio de San Felipe el Real, construido en 1546.

VISITA GUIADA AL ATENEO DE MADRID

Calle del Prado, 21
- www.ateneodemadrid.com • Para pedir cita: 91 429 17 50
- Visitas organizadas: de lunes a viernes de 10 a 13h (previa solicitud)
- Duración de la visita: 45 minutos • Entrada: 2 €
- Metro Antón Martín o Sevilla

> *El lugar donde se llegó a la conclusión de que Dios no existía*

E l Ateneo de Madrid, creado en 1835, es la institución cultural más antigua de España y, además, un lugar verdaderamente especial y atractivo. Se puede realizar una visita guiada, con cita previa, muy interesante que dura aproximadamente una hora. En ella se relatan anécdotas, se explican los numerosos símbolos masónicos y teosóficos (ver página siguiente) y se cuenta la historia del edificio y de cada una de sus estancias: el Salón de Actos, el vestíbulo, la Galería de Retratos, la Sala de La Cacharrería y el despacho de Manuel Azaña. El recorrido por la biblioteca no está incluido en la visita guiada, aunque sí es posible acceder a ella de otra manera (ver página 139).

El Salón de Actos (ver página 137) es un lugar espectacular por su decoración que, además de basarse en la simbología masónica, es una de las primeras intervenciones modernistas en Madrid. Fue en este salón donde en 1932, y en una España absolutamente católica, se llegó a la conclusión de que Dios no existía, causando un gran escándalo internacional. También aquí se defendieron las libertades con discursos memorables, como el de Ortega y Gasset tras volver del exilio, o las visitas de Einstein, Madame Curie y Teresa de Calcuta, entre otros.

La Galería de Retratos reúne una excepcional colección de los principales artistas de la pintura española de los dos últimos siglos y un gran repertorio iconográfico de la vida cultural y política de los siglos XIX y XX.

En una de las paredes se puede ver una puerta secreta (hoy clausurada) que antaño conducía al Congreso de los Diputados. Se dice que los temas que no podían tratarse en el Congreso siempre eran bienvenidos en el Ateneo, especialmente en La Cacharrería, su mítica sala de tertulias. Colindante a la Galería de Retratos se encuentra el despacho de Manuel Azaña, donde en la madrugada del 17 de julio de 1936 fracasó la negociación que condujo a España a la Guerra Civil.

Tras la modesta sede que ocupó en la calle de la Montera, Luis Landecho y Enrique Fort (y Arturo Mélida como decorador) levantaron, en 1884, el actual edificio en la calle del Prado, que fue inaugurado por Cánovas del Castillo y el rey Alfonso XII. Desde sus orígenes, el Ateneo ha mantenido vigente su interés por la cultura y la libertad de pensamiento a través de sus tertulias, debates, cátedras y conferencias. Además, ha sido protagonista de grandes acontecimientos históricos y anécdotas de la vida madrileña, pues ha contado entre sus socios con presidentes de Gobierno, del Consejo de Ministros, Premios Nobel y grandes figuras del mundo de la cultura, como Valle Inclán, Emilia Pardo Bazán o Miguel de Unamuno.

ATENEO. CULTURA Y ESOTERISMO

El Ateneo Científico, Literario y Artístico de Madrid fue creado con el fin de establecer un movimiento liberal en España y así defender la libertad de pensamiento y expresión. Estas pretensiones estaban relacionadas con la ideología de la teosofía y la masonería, a la que pertenecían la mayoría de los fundadores. Las pruebas de su filiación están por todo el edificio. Antes de la Guerra Civil (1936-1939), el Ateneo exhibía en sus paredes cuadros y pinturas con alegorías alusivas a la teosofía y la masonería. La mayor parte fue eliminada durante la guerra debido a la aversión del régimen franquista por todo lo que estuviera relacionado con la masonería. Algunas fueron camufladas, como luego se descubrió en los trabajos de restauración, saliendo así a la luz muchas de esas alegorías y símbolos, especialmente en la zona de la Galería de Retratos. Entre ellos destacan la singular pintura que muestra la paleta del pintor con instrumentos masónicos como la escuadra y la maza y también los dibujos compuestos por tres figuras: una columna (símbolo de la unión entre el cielo y la tierra), una lechuza (símbolo de la sabiduría) y una lámpara (símbolo del Ateneo), que representan el Germen, Desarrollo y Finalidad en el mundo masónico.

También se camuflaron puertas secretas del edificio que a primera vista parecen parte de la decoración pero en realidad llevan a corredores secretos. La puerta en la Galería de Retratos daba al Congreso, aunque hoy se encuentra clausurada. Dicen que hay otras puertas que desembocan en puntos dentro del Ateneo de lo más impredecibles. Uno de esos pasillos conduce a la estatua de la Victoria, junto a la escalera, obra de Agustín Querol, y que representa al dios Mercurio (o Hermes) con una espada rota en la mano izquierda (símbolo de la razón imponiéndose a la coacción física) y en la derecha a la diosa Minerva (o Atenea), patrona de la sabiduría. Menos suerte corrieron las estrellas de cinco puntas masónicas de la mesa donde se celebran los actos más relevantes, las de la escaleras, y de la lámpara más significativa del edificio, entre otras, que reproducían en su forma ojival el logo del Ateneo y que fueron destruidas, en su mayoría, en los años sesenta, tras una denuncia del diario ABC. Además de las pinturas de Mélida y de Karen Petrus Cornelius de Basel (1869-1923), masones y miembros de la Sociedad Teosófica holandesa, en el Salón de Actos se pueden ver las estrellas de cinco puntas en los respaldos de las sillas, que recuerdan la filiación masónica de sus fundadores. En la fachada del edificio estaba la lámpara de la Sabiduría y las estrellas que posteriormente fueron retalladas para convertirlas en flores.

Además de la labor de los masones y teósofos Manuel Azaña y Mario Roso de Luna (ver p.238), la institución también contó con un destacado círculo de teósofos, algunos masones de tendencias progresistas, como Augusto Barcia, Fernando de los Ríos, Viriato Díaz Pérez, Tomás Doreste o el pintor Rafael Monleón Moret, que realizó algunas de las pinturas que decoran el recinto. También figura el famoso masón Simorra, médico alienista, de quien se dice daba de alta a sus pacientes para ingresarlos en el Ateneo, rumor que originó muchas historias curiosas y coloridas sobre la fauna ateneísta. Entre otras figuras destacaba el bibliotecario Rafael Urbano, especialista en el demonio, a quien Rafael Cansinos en *La novela de un literato* describe como "minúsculo, cetrino como un indio y con traza de faquir". Su velorio se llevó a cabo en el Ateneo.

EL SALÓN DE ACTOS DEL ATENEO DE MADRID ⓭

Calle del Prado, 21
• www.ateneodemadrid.com • Para pedir cita: 91 429 17 50
• Visitas organizadas: de lunes a viernes de 10 a 13h (previa solicitud)
• Duración de la visita: 45 minutos • Entrada: 2 €
• Metro Antón Martín o Sevilla

Uno de los primeros ejemplos del Modernismo en Madrid

El Salón de Actos es la parte más interesante de la visita guiada al Ateneo de Madrid (ver p.133), la obra cumbre de Arturo Mélida y uno de los primeros ejemplos del Modernismo en Madrid. La soberbia ornamentación plasma en imágenes la razón de ser y la función del Ateneo. Con una superficie de 220 metros cuadrados de techo como lienzo, Arturo Mélida centralizó la composición en un templete griego que alberga tres figuras mitológicas conectadas con la sabiduría: Hermes, Atenea y Apolo.

El telón, que está a punto de caer tras Apolo, deja entrever al astro rey, representado por el propio Carro Solar de Apolo, encargado de recorrer el firmamento con el carruaje para expulsar a la noche y situar al Sol en lo más alto del cielo, en una escena en la que la luz simboliza al hombre «iluminado». Alrededor de estos personajes se ubican doce pinturas o alegorías, que representan tanto los doce trabajos de Hércules como los doce signos del zodíaco. La pintura es muy armónica en cuanto a colores y trazos y muestra la unión de la doctrina teosófica con la simbología masónica.

En la base del templo, una abigarrada decoración pone en contacto con el mundo oriental y, concretamente, con aquel Japón que tanto fascinó al siglo XIX: dragones, el sol naciente y el ibis (símbolo de la eternidad).

Los tondos que encuadran el motivo central muestran las 12 secciones que componían aquel Ateneo de 1884 (Literatura, Matemáticas, Elocuencia…) representadas por figuras femeninas muy evocadoras y de rotundos volúmenes.

Dando relevancia a la cátedra se sitúan tres grandes paneles en alusión a los epítetos del Ateneo: Ciencia (asociada a la civilización árabe), Literatura (asociada a la civilización romana) y Arte (asociada a la civilización cristiana).

Si se quiere saber más sobre los símbolos masónicos y teosóficos del Ateneo, ver doble página anterior.

BIBLIOTECA LA PECERA

Ateneo de Madrid
Calle del Prado, 21
• www.ateneodemadrid.com
• Metro Antón Martín o Sevilla
• Reservas: 91 531 40 18 / 657 847 685 correo@carpetaniamadrid.com
Para ser socio: enviar una carta que exponga los motivos personales para ser miembro del Ateneo, además de un breve currículo. Se necesita el aval de tres socios y pagar 110 € de inscripción.

> *El lugar donde «nació Donoso Cortes, perdió la vista Cánovas, Castelar se quedaba calvo y Moreno Nieto se moría»*

Una vez al mes, Carpetania Madrid organiza un paseo nocturno por el Barrio de Las Letras que incluye una visita al Ateneo y permite el acceso a su biblioteca, conocida como La Pecera. Es la única manera de visitar esta magnífica biblioteca sin ser socio.

El impresionante espacio donde se ubica la biblioteca llama la atención por su belleza y singularidad, con sus pupitres, sus luminarias, el sabor de las maderas y los antiguos libros. Originalmente, la biblioteca sólo ocupaba la sala conocida como La Pecera –prototipo de la arquitectura del hierro–, que cuenta con un inmenso lucernario y dos plantas de vitrinas y estantes colmados de libros, unidos por estrechas escaleras de caracol y pasarelas. Es un ambiente mágico, por el que todos los intelectuales españoles han pasado y de donde han salido la mayoría de Nobel españoles.

En 1910 se reformó y se tomaron las salas colindantes para ampliarla, creando así la llamada Sala General –generoso espacio que aúna su estética con La Pecera– y que antiguamente servía como sala de lectura y para custodiar el desaparecido Monetario del Ateneo. De esta biblioteca, alguien dijo que fue donde «nació Donoso Cortes, perdió la vista Cánovas, Castelar se quedaba calvo y Moreno Nieto se moría», claro ejemplo de los ilustres personajes que han pasado horas y horas consultando sus fondos.

La colección abarca desde el siglo XVI hasta la actualidad y sus fondos provienen, además de los donativos de los socios, de la Real Orden firmada en 1838 con el Gobierno para incrementar ejemplares por medio de las donaciones que provenían de la Imprenta Nacional, la Biblioteca de las Cortes, la Biblioteca Nacional y los conventos suprimidos.

Así fue como se creó un fondo bibliográfico excepcional por su variedad y calidad, sobre todo en lo referente al siglo XIX. Una de las curiosidades de esta biblioteca está compuesta por los libros de la URSS y el Tercer Reich, producto de un intercambio con el régimen franquista entre 1932 y 1936.

LA IMPRENTA DE LA SOCIEDAD CERVANTINA ⑮

Atocha, 87
- Tel.: 91 420 34 37
- Horario: de lunes a jueves de 9.30 a 13.30h y de 15 a 19h. Viernes de 9.30 a 13.30h
- Metro Atocha

> **Donde se imprimió El Quijote**

En el número 87 de la calle Atocha una placa recuerda el lugar donde se imprimió por primera vez la obra cumbre de Miguel de Cervantes Saavedra.

Actualmente este edificio (declarado monumento nacional de carácter histórico-artístico en 1981) es la sede de la Sociedad Cervantina, creada en 1953. Desde sus orígenes, la sociedad puso mucho énfasis en conseguir un local emblemático y en 1955 se hicieron con el antiguo local de Juan de la Cuesta. Aquí, además de fondos bibliográficos especializados en la obra de Cervantes, cuentan con una réplica en madera de la imprenta que empleó el propio Juan de la Cuesta para la primera tirada del *Quijote,* y que los visitantes pueden manipular para ver cómo funciona un antiguo sistema de impresión artesanal. También se celebran ciclos de conferencias, y cuentan con un teatro de cámara donde escenifican obras del Siglo de Oro.

En 1604, Francisco de Robles, un librero muy reputado de la época, adquirió el manuscrito sobre el loco que se creía caballero andante y para su publicación contrató la imprenta de Pedro Madrigal, que por entonces regentaba su yerno, Juan de la Cuesta. La primera parte de la novela: *El ingenioso hidalgo Don Quijote de la Mancha* fue publicada en 1605 con numerosas erratas debido a la premura estipulada en el contrato de edición. Además, la edición fue bastante pobre, el papel –proveniente del monasterio El Paular- era de mala calidad,

y la tipografía tosca. En total, Robles invirtió 8.000 reales en el libro, de los que Cervantes recibió 1.500. Ese mismo año se publicó una segunda edición, corregida, que también estuvo a cargo de Juan de la Cuesta. Además del *Quijote*, De la Cuesta imprimió otros trabajos de Cervantes y muchas obras del Siglo de Oro, como *Las almenas de Toro* o *Los amantes sin amor*, ambas de Lope de Vega. Su imprenta llegó a tener seis prensas y veinte trabajadores que la mayor parte del tiempo se dedicaron a producir diversos documentos oficiales para la Corona.

CALLE DE LA
CABEZA

EL AZULEJO DE LA CALLE DE LA CABEZA

Calle de la Cabeza esquina calle Lavapiés
• Metro Tirso de Molina

> *La leyenda negra de la calle de la Cabeza*

En lo alto de las esquinas de las calles del casco histórico de Madrid se pueden ver azulejos con imágenes relacionadas con el nombre de la calle. En el caso de la calle de la Cabeza, el dibujo es una terrorífica cabeza decapitada sobre una bandeja de plata.

Cuenta la leyenda que en esta calle vivían un sacerdote y su criado. El criado era un tipo muy ambicioso que envidiaba las pertenencias del clérigo a tal punto que no tuvo ningún reparo en asesinarle para robarle el oro que guardaba. Le cortó la cabeza y huyó a Portugal sin dejar huella. Con el paso de los días, los vecinos empezaron a notar la ausencia del sacerdote en el barrio. Una notificación de la parroquia de San Sebastián, que solicitaba la presencia del clérigo para un entierro, llevó a un sacristán a entrar en la casa donde descubrió el crimen que horrorizó al barrio y que, aparentemente, quedó sin resolver. Muchos años después, el criado volvió a Madrid convertido en un elegante caballero. Una mañana, mientras daba una vuelta por el Rastro (Ver recuadro), compró una cabeza de cordero. Un alguacil, viendo el reguero de sangre que iba dejando en la acera, le dio el alto. "¿Qué lleva ahí?", preguntó el alguacil. "Una cabeza de cordero", contestó el caballero. Pero, al abrir la bolsa, lo que había era la cabeza del sacerdote asesinado. El ex criado fue condenado a la horca. En honor al sacerdote decapitado, Felipe III mandó colocar una cabeza de piedra en la fachada del edificio pero, con el correr de los años, los vecinos decidieron quitarla para olvidar el suceso. A cambio construyeron una capilla en honor a la imagen del Carmen, que luego dio origen a la Venerable Orden Tercera de la Penitencia de Nuestra Señora del Carmen.

LA CÁRCEL DE LA INQUISICIÓN

Hasta hace pocos años en la esquina de estas calles existía la Taberna del Avapiés en cuyo sótano se podían ver los restos del calabozo de la cárcel de la Inquisición o Cárcel Eclesiástica de la Corona. El edificio se encontraba prácticamente en ruinas y la taberna tuvo que cerrar.

SIMBOLISMO MASÓNICO EN EL MINISTERIO DE AGRICULTURA **17**

- Paseo de la Infanta Isabel, 1
- Metro Atocha

Una obra de arquitectos masones

La construcción del actual Ministerio de Agricultura, Pesca y Alimentación, obra del arquitecto masón Ricardo Velázquez Bosco (1843-1923), concluyó en 1897. Antigua sede del Ministerio de Fomento, presenta en su fachada principal numerosas referencias masónicas.

A cada lado de la entrada se levantan dos gigantescas cariátides que representan al Comercio y a la Industria. La que representa al Comercio lleva el mazo (insignia del venerable maestro masón investido de autoridad) y la escuadra (símbolo de la rectitud masónica). La otra, que representa a la Industria, lleva una rueda dentada (símbolo del progreso), espigas de trigo (que simbolizan la abundancia) y el caduceo de Mercurio donde las serpientes blancas y negras entremezcladas significan la Vida y la Muerte.

Arriba, en el piso intermedio, se encuentra la terraza con ocho columnas corintias. Dispuestas por pares, recuerdan las dos columnas del templo de Jerusalén (Jakim y Bohaz), símbolos de unión y equilibrio, del cielo y de la tierra, del sol y de la luna, de la luz y del fuego, del creador y de la creación, que están sostenidos por la fuerza del Gran Arquitecto del Universo.

En la simbología masónica, los tres tipos de columnas de los templos, (dórica, jónica y corintia), simbolizan no solamente a las tres personas de la Trinidad (representada por el Triángulo o Delta Luminoso con el Ojo de la Providencia en el centro), sino también a los tres dignatarios de más rango de una logia masónica:

Dórica - padre - venerable maestro

Jónica – madre – primer vigilante

Corintia – hijo – segundo vigilante

La cúspide del edificio está coronada por el grupo de esculturas La Gloria y los Pegasos, una alegoría del progreso universal encargada al escultor catalán Agustí Querol i Subirats (Tortosa, 17-5-1860 – Madrid, 14-12-1909), también masón de grado superior. La Gloria ofrece aquí palmas y laureles al Arte y a la Ciencia. A ambos lados dos grupos de pegasos (caballos alados) de bronce son conducidos por los genios de la Agricultura y de la Industria (izquierda) y de la Filosofía y de las Letras (derecha).

Los tres personajes del grupo central son alusiones a la Gran Logia Nacional de España que, en el mundo masónico español, es la única legitimada para [poder] poseer los tres pilares de la sabiduría masónica (Sabiduría, Fuerza y

Belleza) encarnados por las tres luces morales: el libro de la ley (Biblia, Corán, Veda, etc., en función del rito del país), la escuadra y el compás.

El libro es portador de la sabiduría que es la gloria del masón. La escuadra es la fuerza del arte del compañero masón, que se transforma y hace de la naturaleza la más digna y la más elevada de las artes. El compás indica la belleza contenida en la ciencia que el aprendiz masón va a aprender gradualmente.

Agustí Querol compuso este conjunto de esculturas en 1905 basándose en elementos de la mitología clásica grecorromana, para reflejar la visión global del progreso (idea alegórica fundamental), tanto en el plano material y social como en el plano mental y espiritual. La cifra tres, número apreciado por la masonería, está presente en todo el conjunto que se divide en tres partes, que a su vez se dividen en tres grupos de tres personajes alegóricos cada uno.

BIBLIOTECA DE LAS ESCUELAS PÍAS

Sombrerete, 15
- Tel.: 91 467 58 43
- Horario: de lunes a viernes de 9.30 a 21h
- Visitas especiales de 20 a 21h
- Metro Lavapiés

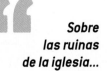

Sobre las ruinas de la iglesia...

La Biblioteca Escuelas Pías de la Universidad Nacional de Educación a Distancia (UNED) se construyó sobre las ruinas de la iglesia de las Escuelas Pías de San Fernando y el resultado fue un edificio verdaderamente espectacular, mezcla de ruina arqueológica con arquitectura de vanguardia, anclado en el barrio más castizo de Madrid.

Estas ruinas fueron durante mucho tiempo el vertedero improvisado del barrio hasta que finalmente, entre 1996 y 1999, el arquitecto J.I. Linazasoro emprendió el difícil proyecto de restaurar y rehabilitar los restos de la iglesia y construir un edificio de nueve plantas. Aún después de la transformación se ha mantenido el sello característico del antiguo edificio: el enorme arco de medio punto rematado con el escudo de las Escuelas Pías. A través de este arco se accedía a una rotonda de ocho columnas y magnífica cúpula.

Las Escuelas Pías se fundaron en 1729 y fue el primer colegio de la Orden de los Escolapios en Madrid. Fue un colegio dedicado a niños de procedencia humilde y en su momento fue considerado un colegio adelantado a su época por poner en funcionamiento la primera escuela de sordomudos de España. Las ruinas sobre las que se construyó la actual biblioteca pertenecieron a la iglesia del colegio, construida entre 1763 y 1791 por el hermano Gabriel Escribano y destruida en 1936, durante la Guerra Civil. Un incendio provocado y un posterior saqueo convirtieron el edificio en un esqueleto. Después de la Guerra Civil se usó durante un tiempo como sala de cine, luego hubo un intento de convertir la zona en un espacio ajardinado pero el proyecto cayó en el abandono.

Para acceder al fondo bibliográfico y a las salas de lectura hace falta un carné de usuario. El carné es gratuito, sólo es necesario llevar la fotocopia del documento de identidad o pasaporte y dos fotos. Las instalaciones están abiertas al público interesado entre las 20 y las 21 horas, o previa cita telefónica.

UN CAFÉ CON VISTAS

El café Gaudeamus es un lugar totalmente inesperado donde en verano uno puede recostarse, a precios de estudiante, en las tumbonas y gozar de las impresionantes vistas del sur de Madrid. El café toma su extraño nombre del *Gaudeamus Igitur* ("Alegrémonos pues"), el himno universitario cuyos orígenes se remontan al siglo XIII. Este café se ubica en la azotea de la Biblioteca Escuelas Pías, la entrada (Sombrerete, 15) es de acceso libre.

MUSEO DE FARMACIA MILITAR

Embajadores, 75
• Tel.: 91 527 36 23
• Horario: martes y jueves de 10 a 12h
• Entrada gratuita. Llamar para solicitar una visita
• Metro Embajadores

> *Obtener medicamentos a través de la alquimia*

Una de las salas más sorprendentes del desconocido Museo de Farmacia Militar es la que recrea un laboratorio yatroquímico, es decir, uno de los primeros tipos de laboratorios que empezaron a basarse en la química para elaborar los medicamentos. Este laboratorio se estableció hace más de 300 años en el sótano de la Farmacia Real y fue trasladado a este edificio para su exposición. Aquí, y por petición expresa del rey, también se intentó obtener medicamentos a través de la alquimia. En España no existía ningún experto en ciencia yatroquímica, así que el rey Carlos II confió en la recomendación del virrey de Nápoles, quien envió a Vito Cotaldo, un italiano de mucho prestigio en la elaboración de medicamentos, para experimentar con los preparados que luego recetaría a las tropas.

En otras salas del museo se pueden ver elementos que hablan de la evolución de la farmacia militar a través del material científico, como las fotografías de las máquinas que antiguamente fabricaban pastillas o supositorios. O un laboratorio de los años 40 que presenta una colección muy completa de probetas, balanzas y hornos de la época. Una de las cosas que también llama la atención por su particularidad es la vitrina que exhibe drogas

del mundo animal y vegetal: en total más de cuatrocientas variedades de sustancias psicotrópicas, muchas de ellas procedentes de las antiguas colonias.

El museo fue fundado en 1928 con el fin de reunir el material de las diferentes dependencias militares relacionadas con la investigación y fabricación de medicamentos. El edificio data de 1915 y fue un encargo de la Comandancia Militar de Construcciones para destinarlo a Laboratorio Central de Sanidad. El proyecto estuvo dirigido por el ingeniero militar Pascual Fernández Aceituno.

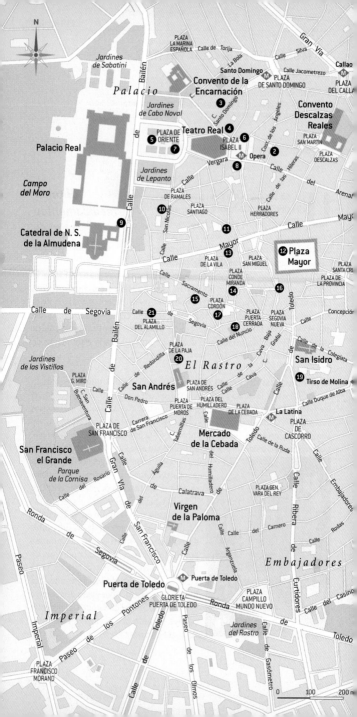

CENTRO-OESTE

COLECCIÓN PRIVADA
DEL "AQUARIUM MADRID"

Maestro Victoria, 8
• Horario: de lunes a sábado de 11 a 14h y de 17 a 21h. Domingos y festivos de 12 a 14.30h y de 17 a 21h
• Entrada: Niños 2 €. Adultos 4 €
• Metro Sol

> *Pequeñas fieras en el centro de Madrid*

Cerca de la Puerta del Sol, la tienda de animales "Aquarium Madrid" esconde en su sótano una exposición impresionante. Al bajar la escalera se encontrará con una especie de pequeño zoológico donde los animales, desde sus vitrinas, miran fijamente al visitante.

El lugar no recibe demasiadas visitas, sobre todo los días laborables, pues la mayoría suele ir a la parte de la tienda para comprar algún producto para su mascota. Así que casi siempre se puede contar con el tiempo y el espacio suficientes para analizar detenidamente a los animales.

Algunos animales impresionan, como la boa constrictor, el cocodrilo enano con su hocico deformado, el sapo vientre de fuego, el escorpión emperador o el milpiés gigante, de unos 30 centímetros de longitud y grueso como el dedo pulgar. En cuanto a la serpiente roja puede resultar aterradora cuando se la ve surgir en la oscuridad.

En la planta principal hay numerosos productos para todo tipo de mascotas y peces que se pueden adquirir por un módico precio (desde 2€).

ORATORIO DEL SANTO NIÑO DEL REMEDIO ❷

Calle de los Donados, 6
• Horario: de lunes a domingo de 8 a 12h y de 18 a 20h
• Metro Ópera

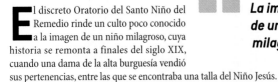

La imagen de un niño milagroso

El discreto Oratorio del Santo Niño del Remedio rinde un culto poco conocido a la imagen de un niño milagroso, cuya historia se remonta a finales del siglo XIX, cuando una dama de la alta burguesía vendió sus pertenencias, entre las que se encontraba una talla del Niño Jesús.

El encuadernador Pedro Martín Mazarruela adquirió el "niño" por cinco pesetas y lo colocó en su taller de imprenta, ubicado en ese entonces en el número 4 de Costanilla de los Ángeles. Todas las tardes, la familia Mazarruela se reunía para rezarle al "Divino Niño", al que le confeccionaban diferentes prendas. En poco tiempo el Niño fue ganando devotos, algunos motivados por el rumor de que hacía milagros y otros por la secreta visita de la reina María Cristina, madre de Alfonso XIII, quien probablemente fue en busca de fortaleza después de quedar viuda y a cargo del reino.

Fue así como, con los modestos donativos de los fieles, la imprenta se convirtió en una improvisada capilla. Hasta entonces el niño no tenía nombre, por lo que decidieron echarlo a suertes. Escribieron las palabras "esperanza", "perdón" y "remedios" y un cura escogió uno de los tres papeles al azar. Así fue como salió elegida la palabra que finalmente le dio un nombre y apellido, y desde entonces se llamó el Santo Niño del Remedio. La figura actual ha sufrido varias restauraciones: una de ellas consistió en colocarle unos ojos de cristal y pestañas postizas para reforzar la expresividad de su mirada. También se le restituyó un pie pues el original prácticamente quedó pulverizado por los besos de los fieles. Ahora luce unos zapatitos de plata para protegerlos.

El día 13 de cada mes, el Santo Niño del Remedio es colocado en una cuna para su adoración.

UN ESCUDO Y UNA INSCRIPCIÓN EN PIEDRA, TESTIGOS DE OTROS TIEMPOS...

El oratorio fue construido en 1917 sobre el solar de la antigua iglesia del Hospital de Santa Catalina de los Donados, fundado en 1460 por Pedro Fernández de Lorca, tesorero del rey Juan II y secretario de Enrique IV, con el fin de atender a doce ancianos inválidos. La palabra "donados", nombre de la calle donde está el oratorio, proviene de la vestimenta de los doce ancianos que fueron acogidos y que rindieron culto a Santa Catalina. En agradecimiento, los ancianos rezaron diariamente por el alma del fundador. Más tarde pasó a ser un hospital para ciegos, hasta su demolición a finales del siglo XIX. Como testigos de esta época se pueden ver dentro del oratorio una inscripción en piedra que recuerda el año en que Fernández de Lorca fundó el desaparecido hospital y un escudo, también de piedra, que fue rescatado de la demolición del antiguo edificio.

LA LICUEFACCIÓN DE LA SANGRE DE SAN PANTALEÓN

❸

Real Monasterio de La Encarnación
Plaza de la Encarnación, 1
• Tel.: 91 542 69 47
• Horario: martes, miércoles, jueves y sábado de 10.30 a 12.45h y de 16 a 17.45h. Viernes de 10.30 a 12.45h. Domingos y festivos de 11 a 13.45h
• Entrada: 3,60 €
• Metro Ópera

El "milagro" de San Pantaleón

Una vez al año, el 26 de julio, la sangre de San Pantaleón, conservada en una ampolla-relicario de la iglesia del Real Monasterio de La Encarnación, se somete al prodigio de la licuefacción: la sangre del santo pasa de estado sólido a líquido. La Iglesia jamás se ha pronunciado oficialmente al respecto del llamado "milagro de San Pantaleón".

En Nápoles ocurre algo similar con la sangre de San Genaro. En ambos casos, y según la tradición, cuando la sangre de los santos no se licua ocurren grandes catástrofes, como la Primera Guerra Mundial en 1914, o la Guerra Civil Española en 1936.

Hasta 1993 se permitía que los fieles besaran el relicario que contiene la sangre, pero debido a las escenas de exaltación que ocasionaba y a los daños que empezó a sufrir la reliquia, se prohibió el acto. Hoy en día el milagro se proyecta en unas pantallas de televisión de circuito cerrado instaladas especialmente para el evento.

La ampolla con la sangre del santo estuvo en manos del Vaticano hasta que el papa Paulo V se la regaló a Juan de Zuñiga, virrey de España en Nápoles, y éste la donó en 1611 al Real Monasterio de La Encarnación porque fue aquí donde su hija Mariana de Jesús tomó los hábitos. Además de la sangre del santo, el monasterio conserva otro tipo de restos no menos importantes para los fieles, como ocho brazos de mártires, una pierna de Santa Margarita, parte de la espalda de Santo Tomás de Villanueva, un brazo de Santa Isabel, entre otros, dispuestos en 700 relicarios.

LA LICUEFACCIÓN DE LA SANGRE: ¿MILAGRO O SIMPLE FENÓMENO FÍSICO?

El milagro de la licuefacción de la sangre de San Pantaleón en Madrid o Roma (véase *Roma insólita y secreta* del mismo editor), y el de San Genaro en Nápoles, ha sido tantas veces negado como aceptado por numerosas personas. Incluso, algunos han fabricado, *ex nihilo*, un producto similar a la sangre supuestamente milagrosa, a base de cáscara de huevo, sal de cocina y carbonato de hierro, productos que ya existían en la Edad Media. El resultado es una solución bastante densa, que se licua al sacudirla gracias a un fenómeno físico llamado "tixotropía". Al igual que la sangre de San Pantaleón, este preparado se licua la mayoría de las veces. A veces de inmediato, algunas lentamente y otras no ocurre...

PANTALEÓN, ¿POSEEDOR DE LA SABIDURÍA HERMÉTICA?

La vida de Pantaleón, cuyo nombre significa "en todo semejante al león", figura en las Actas de los Santos (Acta Sanctorum) escritas en el siglo XVIII por el jesuita belga Jean Bolland. Se dice que Pantaleón, hijo de Eustorgio y Eucuba, nació en Nicomedia, actual ciudad de Izmit, en Turquía, en el siglo III d. C. Fue un destacado médico de la corte y nobleza de Turquía, como su padre, pero también un reconocido filósofo.

Se convirtió al cristianismo, religión de su madre, fue perseguido y encarcelado por el emperador Maximiano quien le condenó a muerte. Fue decapitado en público el 27 de julio del año 305. Según cuenta la tradición, los cristianos de Nicomedia recogieron su sangre con trozos de algodón y la guardaron en pequeños frascos de cristal que posteriormente se distribuyeron por Italia, Francia y España con el fin de expandir su culto.

De manera desconocida Pantaleón se inscribe en la línea de los primeros cristianos iniciados, detentores de la sabiduría gnóstica, también llamada hermética, por el nombre del dios griego Hermes que inspiró el nombre de Hermolao, sacerdote cristiano que inició a Pantaleón, así como los de sus dos discípulos: Hermipo y Hermócrates. Los cuatro fueron decapitados pero Pantaleón, atado a un olivo seco, padeció su último martirio antes de morir: justo cuando el verdugo acercaba su espada para cortarle la cabeza, ésta se reblandeció. Entonces Pantaleón rogó al verdugo que cumpliera con la sentencia. La sangre que manó de su cabeza regó el olivo e hizo que floreciera y diera frutos instantáneamente.

Simbólicamente, este episodio significaría el florecimiento de la "Pax Ecclesia" (el olivo es un símbolo de paz) en tierras turcas, consecuencia de la evangelización y martirio de san Pantaleón.

La sabiduría de Pantaleón, una vez iniciado, se refleja especialmente en sus actos prodigiosos: venció a una serpiente (guardiana simbólica de los conocimientos secretos) y devolvió la vista a un ciego. Pantaleón sufrió diferentes martirios que soportó con gran valentía y que indican un proceso iniciático superior. Según la historia del santo, la presencia en la celda donde estuvo preso de los otros tres santos cuyos nombres aluden al hermetismo- o Hermes Trismegisto - simboliza la iluminación que el sabio recibe después de haber superado las difíciles pruebas a las que fue sometido para alcanzar el grado de maestro. Atado a un olivo, árbol sagrado por excelencia en el contexto religioso mediterráneo, su martirio llega a su fin. Simbólicamente, el hecho de que su sangre hiciera que el árbol floreciera y diera frutos, es decir, que permitiera la renovación de la fe, recuerda el sacrificio de Cristo. Del mismo modo el lado milagroso de la sangre de san Pantaleón se asocia a la tradición occidental del Santo Grial que contiene la sangre de Cristo.

La reliquia de san Pantaleón proviene de la iglesia románica de san Pantaleón en el valle de Losa, noreste de Burgos, enclave tradicional de magia. No es casualidad que el nombre de varias localidades de los alrededores recuerde a la palabra grial: un poco más al sur se encuentra el pueblo de Criales, y al norte, señalando el límite con Álava (País Vasco) y Burgos, está la Sierra Salvada, cuyo paralelo con el Montsalvat del poema Parsifal de Wolfran von Eschenbach (hacia 1170-1220) que trata del grial es bastante claro.

LA EXTRAORDINARIA EPOPEYA DEL CULTO A LAS RELIQUIAS CRISTIANAS

Aunque han caído un poco en desuso y su culto ha disminuido considerablemente, las reliquias de los santos fueron, a partir de la Edad Media, objeto de una extraordinaria epopeya. Su presencia en numerosas iglesias europeas recuerda estos acontecimientos poco corrientes.

El origen del culto a las reliquias se remonta al principio del cristianismo con la muerte de los primeros mártires y de los primeros santos. Su función era triple: eran un testimonio concreto del ejemplo de una vida recta y virtuosa a imitar o seguir, poseían un poder espiritual y energético capaz de provocar milagros (se creía que el poder de los santos milagrosos se mantenía a través de sus reliquias) y, con el transcurso del tiempo y la creación del dudoso fenómeno de las indulgencias, procuraban indulgencias a quien las poseía.

Rápidamente, debido a la demanda creciente de reliquias, intermediarios poco escrupulosos se pusieron a inventar reliquias, ayudados por la Iglesia que, por razones políticas, canonizó a numerosas personas que no lo merecían (ver a continuación). Esto creó situaciones absurdas: si consideramos que todas las reliquias son verdaderas, María Magdalena tendría seis cuerpos y San Biagio (San Blas) unos cien brazos.

Estos excesos causaron desconfianza en las reliquias y, poco a poco, su culto cayó en el olvido aunque se sigue practicando en la actualidad: muchos son los que creen que la verdadera reliquia de un santo tiene poderes energéticos y espirituales. ¿Qué podemos decir del peregrinaje que sigue los pasos del Padre Pío en Italia? Existen unas 50.000 reliquias diseminadas por toda Europa que provienen de unos 5000 santos. Cabe destacar que la mayoría de las demás religiones del planeta veneran o han venerado reliquias.

¡21.441 RELIQUIAS POR 39.924.120 AÑOS DE INDULGENCIAS!

El mayor coleccionista de reliquias fue Federico III de Sajonia (1463-1525) quien consiguió tener un total de 21.441 reliquias, de las cuales 42 cuerpos de santos totalmente preservados. Con esta colección, única en el mundo, Federico III calculó que se había merecido un total de ¡39.924.120 años y 220 días de indulgencias! Sin embargo, influenciado por Lutero, abandonó el culto a las reliquias en 1523.

CUANDO LOS SANTOS NO SON TAN SANTOS O CUANDO LA IGLESIA RETIRA DEL CALENDARIO A SAN JORGE, A SAN CRISTÓBAL O A SANTA FILOMENA...

Con la Edad Media, la caza de reliquias se acentuó y con ella la invención de reliquias. Pero lo que resultó ser aún más increíble es que además de inventar reliquias, inventaron descaradamente santos. Recientemente -hecho que ha pasado desapercibido- la Iglesia ha retirado del calendario a San Jorge, a San Cristóbal y a Santa Filomena, cuya existencia era incluso muy dudosa.

Con objeto de aumentar el número potencial de posibles reliquias, también se canonizó abusivamente a ciertos personajes para seguir abasteciendo el mercado de reliquias de santos. Por razones diplomáticas, relacionadas con el periodo de la Reforma del siglo XVI, numerosas canonizaciones se hicieron en base a criterios políticos en vez de criterios religiosos o morales: en un extraordinario arranque de *Realpolitik*, la inmensa mayoría de los soberanos de la época fueron así santificados para garantizar su fidelidad a la Iglesia católica, que sufría los asaltos de los protestantes. San Estanislao de Polonia, San Casimiro de Lituania, Santa Brígida de Suecia, San Esteban de Hungría, Santa Margarita de Escocia, Santa Isabel de Portugal, San Venceslao de Bohemia... la lista es larga.

¡LAS RELIQUIAS DE LAS PLUMAS DEL ARCÁNGEL SAN MIGUEL, EL SOPLO DE JESÚS O LA ESTELA DE LA ESTRELLA QUE GUIÓ A LOS REYES MAGOS!

Sin renunciar a nada para enriquecerse a costa de los creyentes más ingenuos, los mercaderes de reliquias demostraron tener una imaginación sin límites cuando iban en busca de reliquias y consiguieron inventar algunas reliquias sencillamente fascinantes: mencionemos en particular los cuernos de Moisés o las plumas del Arcángel San Miguel (tenemos constancia de su venta en el Monte Saint Michel en 1784). Las reliquias más preciadas eran, obviamente, las de Cristo. Lamentablemente para los cazadores de reliquias, Cristo había subido al cielo en la Ascensión por lo que su cuerpo ya no estaba, por definición, en la tierra. Dieron pruebas de imaginación inventando la reliquia, absolutamente extraordinaria, del soplo de Jesús (¡!) que, al parecer, se conserva en la catedral de Wittenberg, Alemania, en un relicario de cristal; la reliquia del prepucio de Cristo que recuperaron, después de su circuncisión, 7 días después de su nacimiento o la de su ombligo (¡!) que estarían guardadas en el Sancta Sanctorum de San Juan de Letrán, en Roma, o el pan de la última cena, cuya reliquia estaría en Gaming, Austria. ¡Algunos textos medievales, hoy desaparecidos, mencionaron incluso la reliquia de las estelas de la estrella que guió a los Reyes Magos, que estaría en San Juan de Letrán en Roma!

BIBLIOTECA DE LA REAL ACADEMIA NACIONAL DE MEDICINA ❹

Calle Arrieta, 12
• Tel.: 91 547 03 18
• Visitas: se aconseja llamar antes • Para hacer uso de la biblioteca es necesario presentar una solicitud y contar con la aprobación de al menos cuatro académicos • Para una estancia corta se puede enviar una carta exponiendo los motivos • Las sesiones científicas se celebran todos los martes a las 18 horas, pero es recomendable visitar la web para conocer la programación www.ranm.es
• Metro Ópera

> *Una biblioteca privada muy especial*

Muy poco conocida en Madrid, la biblioteca de la Real Academia Nacional de Medicina, situada en la segunda planta, presenta un poderoso atractivo por su estructura de acero, sus grandes vitrinas de pared a techo que custodian casi 100 mil libros especializados en medicina, sus largas mesas centrales de madera y la tenue luz que desprenden las clásicas lámparas con pantalla verde.

Una sala contigua a la biblioteca alberga la colección de libros donada por el doctor José Botella, centrada en temas ginecológicos, así como los fondos más antiguos de la biblioteca que datan del siglo XVI.

La biblioteca está ubicada en un edificio construido en 1913 por el arquitecto Luis María Cabello Lapiedra, con dos atlantes en la entrada dando la bienvenida al visitante.

La Real Academia Nacional de Medicina surgió por iniciativa de un grupo de médicos, cirujanos y farmacéuticos que, a comienzos de la década de 1730, empezaron a organizar tertulias en la rebotica de la farmacia de uno de sus miembros, José Ortega, para promover la investigación científica. El grupo se autodenominaba Tertulia Literaria Médica Matritense y, en 1734, solicitó la protección del rey Felipe V, aunque tuvieron que esperar casi 200 años para tener un local propio, que se construyó sobre el solar donde antiguamente se ubicaba la Biblioteca Nacional. Para representarlos eligieron un emblema de Arquímedes, inventor, científico y matemático griego, del que se dice logró hundir la flota romana con la ayuda de los rayos del sol y una serie de espejos dispuestos de forma parabólica.

Además de la oportunidad de conocer la magnífica biblioteca y la sala de exposiciones del vestíbulo, la Real Academia Nacional de Medicina ofrece al visitante la posibilidad de participar en las sesiones científicas que los académicos celebran cada martes. En estas sesiones, cada académico ocupa uno de los cincuenta sillones que representan a las diferentes especialidades de la medicina. En el techo del salón reluce un fantástico vitral.

REINANDO

ISABEL SEGUNDA

DE BORBON

AÑO DE

LA COLA DEL CABALLO DE FELIPE IV ❺

El caballo de Felipe IV, oficialmente inaugurado en 1843 pero esculpido en 1632, fue la primera escultura del mundo que desafió las leyes de la ingeniería. Su autor, el escultor italiano Pietro Tacca, se basó en los diseños de Velázquez y en

Un monumento con "truco" en la Plaza de Oriente

la voluntad de Felipe IV, quien deseaba que su propio retrato sentara un precedente artístico a nivel mundial. Por ello se eligió la más desafiante de las posturas, una en que el caballo aparece en corveta, es decir, apoyado únicamente sobre las patas traseras. Para conseguir la perfecta distribución de los pesos de la estatua el escultor italiano recurrió a Galileo Galilei. El consejo de Galilei fue que la parte trasera fuera maciza, la delantera hueca y que, secretamente, el caballo se apoyara ligeramente sobre su cola.

¿POR QUÉ LAS ESTATUAS DE LA PLAZA DE ORIENTE ESTÁN A RAS DEL SUELO?

La colección escultórica de los veinte reyes españoles de la Plaza de Oriente se encuentra, según las habladurías populares de aquel entonces, a ras del suelo por culpa de un sueño: el que tuvo la madre del rey Carlos III. Isabel de Farnesio soñó que una noche de tormenta las estatuas caían de la cornisa del palacio, causando terribles daños. El rey Carlos III decidió bajar las estatuas talladas en piedra caliza mediante un Real Decreto firmado el 8 de febrero de 1760. Algunas de ellas, veinte en total (cinco de reyes visigodos y quince de monarcas de los primeros reinos de la Reconquista) se quedaron en la Plaza. Las otras fueron colocadas en distintos puntos de la ciudad. Las estatuas fueron colocadas en la cornisa por encargo de Fernando VI, a quien le pareció una buena idea contar con una serie de monarcas en piedra para decorar el Palacio Real.

EN LOS ALREDEDORES:

EL POZO QUE SANTO DOMINGO CAVÓ CON SUS PROPIAS MANOS ❻

El número 3 de la calle Campomanes es el lugar exacto donde Santo Domingo de Guzmán, entre los años 1218 y 1219, cavó un pozo con sus propias manos con el fin de conseguir agua para las monjas del convento aledaño. Las aguas que empezaron a brotar de este pozo fueron consideradas milagrosas pues supuestamente curaban las enfermedades. El pozo fue sustituido en 1840 pues quedó prácticamente destrozado durante la Guerra de Independencia. Hoy se conserva un pequeño vestigio, que se ubica dentro de un edificio de viviendas y, lamentablemente, no se puede visitar. Salvo casos excepcionales, como conocer a alguno de los vecinos o lograr convencer al portero.

RESTOS DE UNA TORRE MUSULMANA EN EL PARKING DE LA PLAZA DE ORIENTE

Plaza de Oriente s/n

Aparcamiento con historia

El vestigio musulmán más sorprendente de Madrid es la llamada Torre de los Huesos, pues resulta bastante curioso encontrar una ruina arqueológica dentro de un aparcamiento, sobre todo porque no está incluida en los muchos circuitos turísticos del barrio. La torre, o lo que queda de ella, fue descubierta en 1996 mientras se realizaban las obras del aparcamiento, y desde entonces comparte el espacio con los coches, dentro de una vitrina que la protege del deterioro.

La Torre de los Huesos, llamada así por estar muy cerca del cementerio islámico la Huesa de Raf, es una atalaya de origen musulmán que se encontraba fuera de la ciudad y cumplía una labor defensiva. Hacia finales del siglo XI, cuando el rey Alfonso VI de Castilla conquistó Madrid, se incluyó la atalaya en la nueva muralla cristiana y sirvió para proteger la Puerta de Valnadú, uno de los cuatro accesos que existían en aquel entonces.

Una planta más abajo alberga reproducciones de algunas de las piezas, en su mayoría vasijas, que fueron descubiertas junto a la muralla.

LA MURALLA MUSULMANA

El primer recinto amurallado de Madrid tenía una extensión de cuatro hectáreas y data de finales del siglo IX. Su perímetro estuvo comprendido entre la plaza de la Armería, intersección de las calles Mayor y Bailén, palacio de Uceda, Cuesta de la Vega y Catedral de la Almudena. El vestigio mejor conservado de la muralla que protegía Mayrit, la ciudadela musulmana que dio origen a Madrid, está junto a la Catedral de la Almudena, en la Cuesta de la Vega. Estos restos formaron parte de la primera fortaleza y se han integrado en los Jardines del Emir Mohamed I. La función de esta muralla era proteger el alcázar, edificado en el área que hoy ocupa el Palacio Real y emplazado estratégicamente para defender el paso a Toledo, que pertenecía al califato de Córdoba.

UN RECORRIDO POR LOS RESTOS DE LA MURALLA CRISTIANA

8

La muralla medieval que sobrevivió al tiempo

Después de la conquista de Alfonso VI en el siglo XI, el recinto de la ciudadela musulmana fue ampliado levantándose un muro de mayor perímetro, conocido como muralla cristiana.

Este segundo cerco, que encerraba una superficie de poco más de 33 hectáreas, se unía con el árabe en la zona de la Cuesta de la Vega y se extendía por un recorrido que hoy pasaría por la Plaza del Humilladero, siguiendo por la calle de la Cava Baja hasta Puerta Cerrada, y desde allí, cruzando la calle Mayor a la altura de las calles del Espejo y de la Escalinata, hacia la zona de Ópera donde, en el entorno de la Plaza de Oriente, se unía con el Alcázar. Después del establecimiento de la Corte en 1561, la ciudad se desarrolló detrás del muro original que sufrió constantes demoliciones aunque se aprovecharon parte de sus tramos, como paredes de las nuevas construcciones, lo que ha permitido que algunos de ellos perduren hasta hoy.

Si quiere hacer un recorrido por donde pasaba la antigua muralla medieval, puede comenzar en la **calle de los Mancebos**. En los **números 3 y 5** se encuentran los restos de un silo que formaba parte de la estructura de un edificio, y son visibles desde la calle. Siguiendo por la **Cava Baja, en el número 30**, y dentro del patio de la finca, existe un fragmento del muro. También se puede ver otro trozo de muro a la altura de **los números 22 y 24** de la misma calle. Pero en ambos casos, la entrada está restringida a los vecinos de ambos edificios. En la **calle del Almendro, en el número 15-17**, dentro de un jardincillo, se puede ver a través de la verja un trozo de la estructura que ha quedado en pie. Por último, en el **número 3 de la Plaza de Ópera**, en el sótano de un restaurante, se puede contemplar durante los horarios de apertura del local un lienzo del muro medieval.

EL ORIGEN DE LAS "PUERTAS" DE MADRID

La Puerta de Alcalá, la Puerta de Toledo y la Puerta del Sol recuerdan el emplazamiento de los cinco cercados sucesivos que tuvo Madrid, a medida que la villa crecía hacia el este.

Sin embargo, los tres últimos no fueron murallas defensivas como la fortaleza musulmana y la cristiana, sino vallados que servían para el control fiscal y sanitario.

Se las conoce como Cerca de los Arrabales (siglo XIII), Cerca de Felipe II (siglo XVI) y Cerca de Felipe IV (siglos XVII y XVIII). De las 35 puertas de acceso que tuvo la ciudad, muy pocas quedan en pie, pero se han mantenido algunos de sus nombres, como es el caso de la Plaza de Puerta Cerrada o la Plaza de Puerta de Moros.

SIMBOLOGÍA DE LA VIRGEN NEGRA DE LA ALMUDENA

9

Santa María la Real de la Almudena
Calle de Bailén, 8-10
• Metro Ópera

> *Almudena: un símbolo de fertilidad*

L a virgen negra de la catedral Santa María la Real de la Almudena es una copia de la original que ardió en el incendio que sufrió la Iglesia de Santa María durante el reinado de Felipe II. La imagen actual pertenece a finales del siglo XVI aunque la cabeza y las manos de la Virgen, así como la cabeza del Niño podrían ser de la imagen anterior.

Cuenta la leyenda que la estatua de la Virgen fue traída a Madrid por San Calocero, uno de los doce discípulos del apóstol Santiago el Mayor, en el año 38 de nuestra era. Muchos años después, en el año 712, con la derrota del rey visigodo Rodrigo en la batalla de Guadalete y la toma de la pequeña villa de Madrid por los árabes bajo el mando de Tariq y Muza, los cristianos madrileños escondieron la imagen de la Virgen dentro de un agujero en la *almudena*, que en español significa ciudadela. Pasado un tiempo se olvidaron dónde la habían escondido, hasta que siglos después la Virgen se le apareció al Cid para pedirle que recuperara Madrid. Y así fue. En el año 1085, en el instante en que las tropas se acercaron a la *almudena* se desprendió un trozo de la muralla donde se encontraba la imagen milagrosa y fue precisamente por allí por donde entraron y recuperaron la villa. Luego, el rey Alfonso VI de Castilla ordenó colocar la imagen de la Virgen en el altar de la iglesia de Santa María de la Almudena, que pasó de ser mezquita a sede cristiana. Aquí, desde el siglo XII a principios del XIV, los templarios mantuvieron vivo el culto a la Virgen lo cual, en cierta forma, le dio la fama de patrona de la ciudad.

Durante el dominio árabe el culto a María fue siempre respetado pues ellos también veneraron a la madre de Dios, pero en la figura de Fátima, quinta hija del profeta Mahoma. También respetaron a María como madre del profeta Isa, es decir Jesús. Por ello el nombre *almudena* es interpretado por algunos autores como sinónimo de la propia Virgen: "al", que es igual a alma (virgen en hebreo); "mu", que significa mujer; "dei", o Dios; "na", *natus* (nacido), es decir virgen y mujer o madre de Dios nacido.

La Virgen negra también es considerada un símbolo de fertilidad en los pueblos que cultivaban la tierra. En este sentido el término *almudena* podría también derivarse de la palabra árabe *almudín*, que significa "depósito de trigo", en alusión a los trigales que rodeaban la ciudad y alimentaban a sus habitantes. El hecho que haya pasado tanto tiempo escondida significa que era una diosa oculta, negra, lo cual es representado con la luna a sus pies, por ser la Madre de la Creación y porque sus fases regulaban los períodos de la siembra y la cosecha.

LAS VÍRGENES NEGRAS: ¿VESTIGIOS DE CULTOS ANCESTRALES ADOPTADOS POR EL CRISTIANISMO?

Las Vírgenes negras son efigies de la Virgen María (esculturas, iconos, pinturas...), realizadas en su mayor parte entre los siglos XI y XV, y deben su nombre al color oscuro que las caracteriza.

Se han catalogado unas 500 imágenes aproximadamente, casi todas en la cuenca del Mediterráneo. La mayoría de ellas están en iglesias y algunas han suscitado peregrinajes de suma importancia.

Según la Iglesia católica no existe fundamento teológico sobre el color de estas vírgenes, si bien en ciertos casos se ha buscado la explicación *a posteriori* en un pasaje del Cántico de los cánticos (1:5): «*Nigra sum, sed formosa*» que significa «Soy negra, pero hermosa.»

Para explicar el color oscuro, se han avanzado razones tan sencillas como la propia coloración del material utilizado (ébano, caoba o maderas locales oscuras) o bien los restos de hollín procedentes de las velas votivas.

Sin embargo, la importancia que ha ido adquiriendo el color con el tiempo (algunas imágenes incluso se repintaron durante su restauración) ha hecho pensar en causas de origen más profundo.

Por ello, para algunos, el color de la Virgen negra evoca el hecho de que la figura de la Virgen, al igual que la religión católica en general, no se impuso *ex nihilo* sino que vino a reemplazar cultos ancestrales de Europa occidental, como el culto mitraico (para más detalles sobre este apasionante ritual, fundador de buena parte de la identidad europea, consultar la guía *Roma insólita y secreta*), los cultos a la Diosa Madre o el culto de Isis, la diosa egipcia que llevaba a Horus en brazos, etc.

En épocas arcaicas, a menudo se rendía homenaje a la Diosa Madre, como símbolo de fertilidad, gestación, creación, procreación, regeneración y renovación de la vida, de la que dependían las cosechas de los campesinos.

Con la afirmación del cristianismo se creó un paralelismo entre la figura de la Virgen, Madre de Jesús, hijo del Dios Creador y la figura de la Diosa Madre.

El color negro de la Virgen simbolizaba la tierra virgen y su aspecto materno y regenerador, en el sentido de que la procreación femenina surge de las profundidades (oscuras/negras) del útero de la mujer. Además, ¿el color oscuro no estaría relacionado con el campesino, trabajando al aire libre, con la piel curtida por el sol?

Tampoco es fortuito el hecho de que podamos leer la misma inscripción en ciertas estatuas de Isis y de numerosas Vírgenes negras: «*Virgini pariturae*» («A la Virgen que parirá»).

Para concluir, muchas son las Vírgenes relacionadas con los milagros y es interesante señalar que éstos coinciden en su mayoría con la llegada de un nuevo ciclo, de una nueva era, manteniendo así la imagen de la Virgen como fuente de vida.

HERMANDAD NACIONAL DE ANTIGUOS CABALLEROS LEGIONARIOS

San Nicolás, 11
• Horario: de lunes a viernes de 10 a 20h
• Tel.: 91 541 43 58
• Metro Ópera

Descubrir el mundo de los legionarios

En el antiguo Cuartel de Alabarderos, posteriormente Cuartel de la Guardia de Asalto durante la Guerra Civil y luego Cuartel de la Guardia del dictador Francisco Franco, un emblema de la Legión y un legionario en la puerta de entrada indican la presencia de la poco conocida Hermandad de Antiguos Caballeros Legionarios de Madrid. En teoría el acceso está restringido para legionarios, socios y simpatizantes pero, salvo algún caso excepcional, suelen permitir el acceso al visitante curioso. El escenario es muy particular. En apariencia es una típica taberna, pero está llena de objetos, insignias, banderas, fotografías, carteles y recortes de periódicos que narran la trayectoria de los legionarios españoles y sus momentos heroicos. De fondo musical siempre suena alguna marcha.

Con el permiso del tabernero se puede visitar la sala de reuniones, el despacho del presidente de la Hermandad y la pequeña biblioteca.

Otro de los atractivos de la taberna es el precio del menú: 7 euros. A la salida de la taberna se puede adquirir algún libro de historia militar, o un llavero, mechero o bolígrafo con el emblema de la Legión.

EL MILITAR CON EL PECHO AL AIRE Y UNA CABRA DE MASCOTA

El aspecto de los legionarios siempre ha despertado la curiosidad por su desparpajo e informalidad. La camisa que deja el pecho al descubierto representa la virilidad y fortaleza de los legionarios y la cabra legionaria es una mascota que refleja el interés en llegar a lo más alto sin importar el nivel de la pendiente.

La existencia de la Legión, también llamada Tercio de Extranjeros en sus inicios, se debe al comandante José Millán Astray, quien vio la necesidad de crear un cuerpo militar basado en la Legión Extranjera Francesa. Millán fue un hombre abnegado y valiente que recibió cuatro balazos en distintas ocasiones que le dejaron tuerto y manco. Amante de la poesía japonesa, la vida personal de Millán Astray estuvo marcada por su boda con una mujer que, al día siguiente de casarse, le dijo que había hecho un voto de castidad eterno.

ESCULTURA *ACCIDENTE AÉREO*

Milaneses, 3
• Metro Ópera

> *Y un ángel cayó del cielo...*

Son muchas las especulaciones que ha generado la escultura de la azotea del número 3 de la calle Milaneses. Este ángel estrellado, colocado boca abajo y con las alas torcidas, ha sido emparentado con el Monumento del Ángel Caído, ubicado en los Jardines del Buen Retiro, considerado para muchos uno de los escasos homenajes públicos a Lucifer en todo el mundo (ver p.35). También han querido hermanarlo, sin suerte, con Ícaro, al que se le quemaron las alas por volar demasiado alto.

El caso es que con el tiempo la intriga de los vecinos se hizo extensiva a los paseantes y turistas que desde la calle Mayor se detenían a mirar hacia el cielo y ver a este pobre ángel totalmente fuera de contexto, no sólo estrellado sino a punto de caerse de la cornisa.

La escultura es obra del artista Miguel Ángel Ruiz. En el año 2005, a petición de los dueños del ático, amigos y clientes suyos, Ruiz creó esta escultura de bronce con pátina de cobre. La obra se titula *Accidente aéreo*, y el personaje no está inspirado ni en el diablo ni en Ícaro. Para el artista se trata de un hombre que hace 10.000 años salió a dar un paseo y optó por volver volando de espaldas, mirando al cielo y jugando con las nubes. Por esta razón, no le alcanzó el tiempo para darse cuenta de que durante su ausencia construyeron una ciudad donde antes sólo existían prados.

EN LOS ALREDEDORES:

LA HISTORIA DE LA PLAZA MAYOR GRABADA EN CUATRO BANCOS

Como siempre hay gente sentada, es muy difícil percatarse de las ilustraciones grabadas en los años 80 en los bancos de la Plaza Mayor de Madrid. En ellas se resumen los avatares que ha vivido la plaza en sus seis siglos de vida como los tres grandes incendios, el de 1631, 1670 y 1790, y los carnavales o fiestas de disfraces que se celebraban antiguamente. También los llamados Autos de fe, donde castigaban a los infieles en los tiempos de la Santa Inquisición. Los grabados también recuerdan las corridas de toros y las obras de teatro que se celebraban para distraer al pueblo, y momentos trágicos y sangrientos, como los ajusticiamientos.

AQUI VIVIO Y MURIO
D. PEDRO CALDERON DE LA BARCA.

CALLE MAYOR, 61

• Metro Sol, Ópera

> **El edificio más pequeño de Madrid**

Con una anchura de sólo cinco metros, la casa del número 61 de la calle Mayor es considerada la más estrecha de la ciudad. El inmueble tiene cuatro plantas y en la fachada apenas hay espacio para un balcón por planta, a diferencia de los edificios aledaños, que presentan dos, tres y hasta cuatro balcones.

Aquí residió hasta su muerte, el 25 de mayo de 1681, el famoso poeta y dramaturgo español Pedro Calderón de la Barca, autor de célebres obras como *La vida es sueño*.

El edificio se salvó de ser derribado gracias a la vehemente oposición de don Ramón de Mesonero Romanos, cronista oficial de la ciudad en la segunda mitad del siglo XIX, quien llegó a intervenir a bastonazos contra los albañiles para impedir los trabajos de demolición que se estaban iniciando. Finalmente, el Ayuntamiento le dio la razón al ilustre cronista y accedió a reconocer el valor histórico del edificio.

El título de "la casa más pequeña de la ciudad" lo ostentó hasta 1851 la Casa de las cinco tejas, en la calle Santa Ana, llamada así por el número de tejas que cubrían el pequeño tejado. Lamentablemente, este edificio fue derribado en 1851.

LA CALLE MÁS CORTA

La calle más corta de la ciudad se llama Rompelanzas y se sitúa entre las calles Carmen y Preciados. Para construirla hubo que derribar unas casas que estaban en ruinas con el objetivo de abrir otro camino que condujera a la iglesia del Carmen Calzado. En ese entonces, finales del siglo XVI, la calle Rompelanzas era bastante más estrecha que ahora, tanto que el primer carruaje que la atravesó apenas cabía y por ello, al pasar, se le quebró una lanza. El carruaje en cuestión pertenecía al corregidor Luis Gaitán de Ayala, el mismo que había ordenado el derribo de las casas. A raíz de la anécdota la calle empezó a conocerse con el nombre que ahora lleva.

LOS DULCES DEL CONVENTO DE JERÓNIMAS DEL CORPUS CHRISTI

Plaza del Conde de Miranda, 3
• Horario: de lunes a viernes de 9.30 a 13h y de 16 a 18.30h
• Metro Ópera, Sol

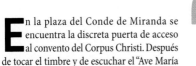

"Ave María Purísima"

En la plaza del Conde de Miranda se encuentra la discreta puerta de acceso al convento del Corpus Christi. Después de tocar el timbre y de escuchar el "Ave María Purísima" de rigor, entrará en este recinto solitario y silencioso, donde una flecha guía los pasos hasta un torno que permite a las monjas de clausura mantener cierto contacto con el mundo exterior pero sin ser vistas.

Ahí es donde se pueden comprar los famosos dulces de las monjas. Los hay de distintos tipos, rosquillas de anís (especialmente buenos), de almendras o buñuelos. El medio kilo de dulces cuesta 7,50 € y el kilo, 15 €.

El convento es conocido como el Convento de las Carboneras porque cuando se fundó, en 1607, solían venerar una imagen de la Virgen de la Inmaculada hallada en una carbonería y posteriormente donada al convento por un franciscano.

El convento fue fundado con el permiso de Felipe III, por Doña Beatriz Ramírez de Mendoza, condesa de Castellar, en uno de los terrenos propiedad de su familia. La vida de doña Beatriz, que fue dama de la reina Ana de Austria, fue muy polémica. Fundó hasta tres conventos mercedarios y fue expulsada de uno de ellos por el General de la Orden debido a su carácter intrigante dentro de la Corte. El edificio es obra del arquitecto Miguel de Soria y ha permanecido prácticamente intacto desde su fundación.

EN LOS ALREDEDORES:

UN JARDÍN SECRETO EN EL NÚMERO 7 DE LA CALLE SACRAMENTO

El llamado Huerto de las Monjas es un remanso de paz inesperado. Este pequeño y encantador jardín escondido formaba parte del antiguo Convento de las Bernardas, construido en el siglo XVII y demolido en los años setenta para construir un bloque de viviendas. Es importante señalar que su existencia no salta a la vista. Para acceder a este pequeño retazo del siglo XVII es necesario bajar unas escaleras y adentrarse en lo que parece ser el patio interior de una vivienda particular. Sin embargo, se trata de un jardín público de titularidad municipal donde antiguamente las hermanas Bernardas cultivaban sus verduras, y donde hoy se puede descansar a la sombra de sus viejos árboles. El jardín cuenta con una fuente que no data de la época, y que no tiene demasiado encanto a pesar de los dulces angelitos que la protagonizan. El verdadero encanto de este pequeño huerto, donde ya no se cultiva ninguna hortaliza, es su ubicación, totalmente aislada.

EL CUADRO *MATRITUM URBS REGIA*

Restaurante Sobrinos de Botín
Cuchilleros, 17
• Horario: todos los días de 13 a 16h y de 20 a 0h
• Metro Tirso de Molina, la Latina

> *Un Madrid medieval imaginario*

En la primera planta del restaurante Sobrinos de Botín, considerado el más antiguo del mundo, un enigmático cuadro firmado por el pintor ruso Pierre Schild despierta la curiosidad del visitante. ¿Realmente así lucía Madrid en el siglo XVI?

El cuadro de Schild, llamado *Matritum Urbs Regia,* fue pintado en 1956. En él, el autor pretendió reproducir la fisonomía de Madrid en 1561, un momento clave para la ciudad pues fue precisamente en ese año cuando se convirtió en la primera capital permanente de la monarquía española. Al existir muy pocos registros del Madrid del siglo XVI, Schild se basó en los dibujos de Anton van der Wyngaerde. Este paisajista flamenco recorrió España a partir de 1561 y realizó 62 dibujos muy detallados de distintas ciudades del reino por encargo de Felipe II. Su dibujo sobre la nueva capital española es considerado el primer registro del panorama urbano madrileño y el más fiel a la realidad de aquel entonces.

Schild, además de dedicarse a la pintura, participó en muchas películas como director artístico, llegando a colaborar con Buñuel en *Un perro andaluz.* Schild fue un mago de los efectos especiales e introdujo en España el *matte shot,* una técnica de trucaje que consistía en superponer imágenes. Fue tal vez esta profesión la que le llevó a fantasear con un Madrid medieval. Porque si bien Schild reprodujo fielmente la mayoría de los edificios de la época en su cuadro, también omitió algunos e inventó otros. Como es el caso del cuadro, *Matritum Urbs Regia.* Para pintar este cuadro utilizó como modelo el famoso plano de Texeira, que no es el primero que se hizo sobre Madrid pero sí el más importante y representativo.

Un detalle muy curioso del cuadro de Schild son los andamios, que pueden verse a la derecha y corresponden a las obras para la construcción de la Torre Dorada, llevadas a cabo entre 1562 y 1569. El cuadro también muestra el edificio de las caballerizas.

Entre las grandes omisiones están las iglesias de San Nicolás y de San Pedro, ya existentes en aquella época. Algunas casas aparecen más pequeñas de lo que eran, como es el caso de la Torre de los Lujanes, y otras han sido cambiadas de ubicación.

El cuadro formó parte de una exposición organizada por el Ayuntamiento en 1960, luego fue abandonado, hasta que la familia González, actual propietaria del restaurante, lo recuperó y colgó cerca del horno donde cocinan, desde hace casi 300 años, sus famosos cochinillos a la leña.

CASAS A LA MALICIA

Calle del Toro y calle Conde

> *Casas "reformadas" para no alojar a los servidores del rey*

En algunas calles del centro de Madrid, como en la calle del Toro y la calle Conde, se pueden ver unas construcciones extrañas, con ventanas a distintas alturas y de diferentes tamaños, que despiertan la curiosidad del paseante. Se las conoce como las "casas a la malicia" y su origen se remonta al siglo XVI, cuando la capital del reino fue traslada de Toledo a Madrid. En ese entonces Madrid no contaba con suficientes mesones ni posadas y el traslado no sólo implicaba la inminente llegada del rey sino también de toda la Corte, además de los buscadores de fortuna. No había lugar físico para alojar a tantas personas.

Cuando la Corte era itinerante, la Regalía de Aposento obligaba a ceder parte de la vivienda temporalmente, pero cuando la Corte decidió establecerse en Madrid el panorama cambió. La Regalía pasó a llamarse Carga de Aposento y Felipe II, que se instaló en un alcázar previamente remodelado a su gusto, ordenó que las segundas plantas de todas las casas se pusieran a disposición de los funcionarios, cortesanos, servidores y acompañantes del rey.

Esto provocó que los madrileños agudizaran su sentido de la picardía haciendo algunas "reformas" en sus casas para que, desde fuera, nadie pudiera notar que tenían dos plantas. Se empezaron a construir casas que aparentaban ser de una sola planta pero tenían plantas intermedias. También se añadían buhardillas y sótanos. Cualquier medida era válida para no alojar a los servidores del rey.

Se llegaron a contar más de mil "casas a la malicia" en Madrid, pero muchas de estas remodelaciones fueron inútiles pues las casas que negaban el alojamiento tenían que pagar un impuesto.

El traslado de la capital también trajo problemas de desabastecimiento y la urgencia de ensanchar calles, derribar murallas, construir hospitales, templos, nuevas viviendas, servicios básicos como alcantarillado, edificios para las instituciones y un largo etcétera de medidas para convertir, en el menor tiempo posible, una ciudad de apenas 75 hectáreas en la capital de un reino. La ciudad tenía entre 10 y 20 mil habitantes en 1561, cuando llega la Corte, y hacia finales del siglo XVI, casi 100 mil.

También se pueden ver otras "casas a la malicia" en las calles Redondilla, del Rollo y del Pez, 31. El Museo de la Ciudad (Príncipe de Vergara, 140) conserva maquetas de este tipo de viviendas.

LA CAMPANA DE LA IGLESIA DE SAN PEDRO EL VIEJO ⓲

Iglesia de San Pedro el Viejo
Calle del Nuncio, 14
• Metro La Latina

Un milagro en el campanario

La torre mudéjar de la iglesia de San Pedro el Viejo guarda una leyenda insólita protagonizada por una enorme campana que nadie sabe bien cómo llegó hasta allí. Para explicar el suceso, ocurrido en el siglo XVI, los vecinos fabricaron una extraña historia: supuestamente, los operarios que intentaron subir la campana fracasaron en el intento y se fueron a casa. Sin embargo, a la mañana siguiente, todos escucharon el tañido de la inmensa campana, y nadie pudo explicar cómo logró subir a lo alto de la torre ni quiénes fueron los artífices de la proeza.

Una de las utilidades que se le daba a la campana era tocarla para evitar la lluvia o atraerla. La población sentía terror cada vez que escuchaba el sonido de la campana pues provocaba un gran estruendo. Por ello no era raro oír frases como: "Huyamos, que tocan la campana de San Pedro". Esto duró hasta 1565, año en que, para alivio de muchos madrileños, la campana se rompió. Con el tiempo fue retirada y la campana que hoy se puede ver es mucha más pequeña y data de 1801.

Sin embargo, la tradición de la campana gigante no se ha perdido, se mantiene vigente en la evocación del Cristo de las Lluvias, cuya capilla se encuentra dentro de la iglesia. El repicar de la vieja campana supuestamente atraía las lluvias en tiempos de sequía y calmaba las tempestades y tormentas.

También se puede ver la impactante imagen de Jesús el Pobre (sale en procesión los Jueves Santo) que presenta una expresión que varía según el punto de vista: desde la de un orgulloso califa islámico hasta la de un Cristo de delicada tristeza. La talla es obra de Juan Astorga y es de finales del siglo XVIII.

En la torre también se observan diversos escudos reales, uno de ellos anterior al período de los Reyes Católicos, Fernando e Isabel (siglo XV). La iglesia se llama San Pedro el Viejo por ser una de las más antiguas parroquias de Madrid. La primera vez que se la menciona es en el Fuero de 1202, a propósito de una antigua construcción mozárabe en la plaza de Puerta Cerrada. En el siglo XIV, el rey Alfonso XI, en memoria de la victoria obtenida contra los moros en la batalla de Algeciras, en 1345, pudo haber mandado construir la iglesia sobre la antigua mezquita árabe reutilizando el minarete para levantar la torre mudéjar. En el siglo XVII el templo sufre una reconstrucción al estilo de la época, del que se salvaron algunos elementos del edificio medieval. Entre ellos la torre y la nave central, con su cabecera gótica del siglo XV. La iglesia fue inicialmente conocida como San Pedro el Real, pero perdió esta denominación en 1891.

UNA TORRE MORISCA QUE SERVÍA DE OBSERVATORIO ASTRONÓMICO

La hermosa y esbelta torre morisca de ladrillo muestra en las aperturas del campanario una línea de dientes cerrados y, más abajo, una curiosa y bella ventana arábigo-bizantina. Los antiguos monjes constructores hacían este tipo de construcciones con dos objetivos. El primero era que sirvieran de atalaya para vigilar los campos pues, cuando el enemigo se aproximaba, hacían sonar la enorme campana que rápidamente congregaba a todos los campesinos. Además de atalaya también servía como observatorio astronómico.

MUSEO DEL INSTITUTO SAN ISIDRO

Calle Toledo, 39
• Tel.: 91 365 12 71
• Visitas: sólo los jueves a las 18 h
• Entrada libre previa reserva telefónica

Un verdadero gabinete de curiosidades

El Instituto San Isidro es el centro docente más antiguo de Madrid. Fue fundado en 1566 por los jesuitas y desde entonces no ha dejado de impartir clases, salvo durante la Guerra Civil, que sirvió de refugio antiaéreo. En sus aulas estudiaron reyes, presidentes, premios Nobel y grandes escritores. Todavía se conservan los expedientes académicos de cada uno de ellos en el pequeño museo, ubicado en la zona del claustro. Un lugar realmente sorprendente pues tanto alumnos como profesores han logrado crear, de una manera prácticamente artesanal y con objetos de colección, un retrato fidedigno de cómo era la educación a principios del siglo XX. Los objetos que se conservan tras las vitrinas describen el tipo de enseñanza que antiguamente se impartía, cuando todo se aprendía con láminas, libros y modelos anatómicos, que hoy resultan obsoletos pero que podrían alcanzar altos precios entre los coleccionistas.

En cada una de las cinco plantas, conectadas por una amplia escalera de piedra y madera que se conserva intacta, se distribuyen las vitrinas que contienen objetos sorprendentes, como los animales disecados, algunos de ellos en peligro de extinción, como es el caso del urogallo. También se puede ver alguna curiosidad veterinaria disecada, como unas cabras siamesas. Quizás lo más singular de todo sean los modelos anatómicos desmontables de animales, que explicaban su funcionamiento interno y permitían que los alumnos aprendieran a distinguir las partes de una víbora o de un caracol.

La joya es un esqueleto de madera, totalmente desmontable, de finales del siglo XIX.

La visita se puede complementar, siempre y cuando el jefe de estudios y guía tenga tiempo, con la de la cripta de los monjes, donde descansan los restos de los monjes que murieron durante la persecución religiosa de 1936.

CAPILLA DEL OBISPO

Plaza de la Paja, 9
• Horario: martes, miércoles y jueves de 13 a 14h. Lunes a viernes de
18.30 a 19.30h. Sábados y domingos de 12.30 a 13.30h
• Metro La Latina

*Una joya
del gótico*

L a Capilla del Obispo es una verdadera joya gótica que ha sobrevivido al paso del tiempo. Después de varios trabajos de restauración ahora se puede acceder a este pequeño oratorio que forma parte de la iglesia de San Andrés y que desde los años 80 abría y cerraba sus puertas de manera intermitente por obras, desacuerdos, o hallazgos, entre ellos los restos procedentes de 50 personas, la mayoría de ellos niños. Este cementerio milenario ha sido cubierto con una vitrina para que pueda ser visto.

La historia de esta capilla, adosada a la parroquia de San Andrés, está ligada a la vida de San Isidro, patrono de Madrid, y de la familia para la que trabajó, los Vargas, uno de los linajes más poderosos de la capital. En 1520 esta familia, a la que se le concedió la custodia de los restos de San Isidro en 1518, ordenó construir la capilla con el fin de que se convirtiera en el descanso final del santo pero, tras un largo pleito, en 1544 la iglesia de San Andrés recuperó la custodia. Las relaciones entre los párrocos de ambos templos se rompieron y se tapió el acceso entre ambos complejos. Hoy se

ha reabierto el paso entre la capilla y la iglesia, sellado durante cinco siglos.

El nombre de la capilla proviene de Gutierre de Carvajal, obispo de Plasencia e hijo de los Vargas. Fue este obispo quien supervisó las obras y encargó el fabuloso retablo de madera policromada y los cenotafios de alabastro al escultor palentino Francisco Giralte para, así, rendir tributo a sus difuntos padres. Las encargadas de custodiar la capilla son las Hermanitas del Cordero, congregación francesa, a quienes –con un poco de suerte- se les puede oír cantar al mediodía.

La Plaza de la Paja toma el nombre de una antigua costumbre cristiana: los vecinos y creyentes del barrio solían ofrecer paja a los capellanes de las iglesias aledañas para alimentar a sus mulas.

EL ESCUDO DE LA CASA DEL PASTOR

Calle Segovia, 21
• Metro La Latina

> **El escudo
> más antiguo
> de Madrid**

El escudo de granito que adorna la fachada del edificio de la antigua Casa del Pastor es el más antiguo de Madrid (siglo XVII) y es una reconstrucción de uno anterior (siglo XVI). En él se pueden distinguir con claridad el oso, el madroño y las siete estrellas de la Osa Mayor.

Una pequeña parte del escudo quedó dañada en el año 2007, cuando inexplicablemente taladraron unos agujeros para colgar una farola que luego fue retirada.

Durante muchos años este edificio fue la sede del Ayuntamiento de Madrid y Toledo, y en ella se celebró la primera reunión del Ayuntamiento de la Villa. La casa estuvo habitada hasta los años 50, y fue demolida en 1972, a pesar de todos los esfuerzos de la Coordinadora de Defensa del Patrimonio Histórico de la Casa del Pastor de reconstruirla con fines turísticos. En 1988, el reputado arquitecto Francisco de Asís Cabrero y Torres-Quevedo, construyó un nuevo edificio en cuya fachada se añadió el antiguo emblema de Madrid.

Por debajo de la casa existían cuatro pasadizos subterráneos cuya existencia se remonta al tiempo de los árabes. Hoy se encuentran clausurados, pero antiguamente recorrían buena parte de la ciudad. Uno de ellos se dirigía al Manzanares, el otro al Palacio Real, el tercero a la colina de la Almudena y el cuarto a la Plaza de los Carros, aunque el trazado de estas galerías subterráneas –que bien se podrían haber convertido en un atractivo turístico como en Roma o París– no está totalmente claro. Durante mucho tiempo estos pasillos secretos sirvieron como refugios y almacenes de víveres.

LA LEYENDA DE LA CASA DEL PASTOR

El nombre de la Casa del Pastor tiene su origen en una leyenda. Se dice que la casa perteneció al cura don José, quien cuidó de los enfermos del barrio hasta que contrajo la peste. Antes de morir, el clérigo dejó escrito su testamento en un sobre cerrado: su último deseo fue dejar la casa en herencia a la primera persona que entrara por la Puerta de la Vega en la madrugada de su muerte. El primero que cruzó la puerta fue un pastor con su rebaño de ovejas. Curiosamente, según cuenta la leyenda, este mismo pastor fue quien, años atrás, ofreció refugio al cura cuando éste tuvo que huir por problemas con la Santa Inquisición.

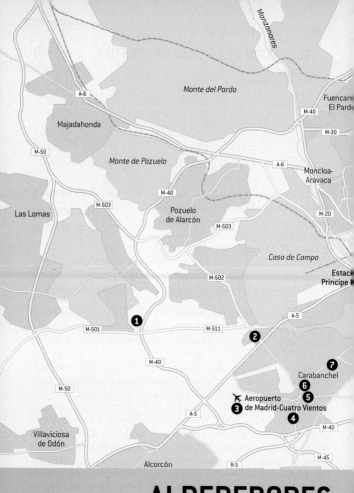

ALREDEDORES

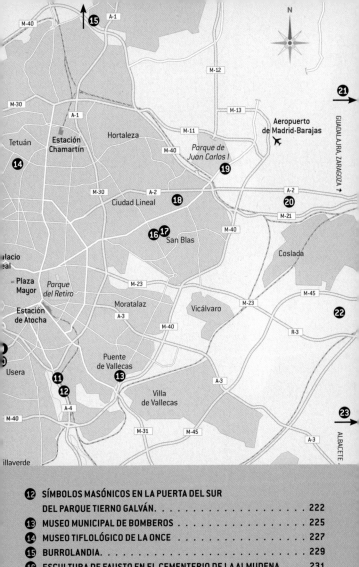

MUSEO DE LA INFORMÁTICA

Facultad de Informática de la Universidad Politécnica de Madrid
Bloque 5 (sala de lectura)
• Horario: viernes de 12.30 a 13.30 y de 15.30 a 16.30
• Para visitas guiadas: 91 336 66 07
• Entrada gratuita
• Bus 571 desde Moncloa

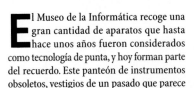

El Museo de la Informática recoge una gran cantidad de aparatos que hasta hace unos años fueron considerados como tecnología de punta, y hoy forman parte del recuerdo. Este panteón de instrumentos obsoletos, vestigios de un pasado que parece que fue ayer, dan buena cuenta del acelerado paso del tiempo en materia de tecnología.

Ordenadores con menos memoria que un teléfono móvil actual

Una de las piezas más antiguas del museo son las memorias de ferrita, de 1950, uno de los primeros soportes empleados para almacenar información, el antecedente de los circuitos integrados, y el único real que puede verse en España.

Sin duda las piezas preferidas de los visitantes son los ordenadores personales, como el Apple II Europlus, de 1979, o el Sinclair ZX Spectrum, de IBM, lo más parecido a un ordenador portátil actual, con la diferencia de que pesa 15 kilos. Entre los más recientes están la Commodore 64, la Toshiba T1000SE, o el Apple Macintosh Plus, y entre los más aparatosos, el Secoinsa 40, de 1975, que pesa más de 800 kilos. Todos estos ordenadores se encuentran operativos aunque resultan absolutamente inútiles para los tiempos que corren, pues cuentan con menos memoria que un teléfono móvil simple.

LADY LOVELACE, LA HIJA DEL POETA LORD BYRON: LA PRIMERA PROGRAMADORA DE LA HISTORIA

Además del recorrido histórico y didáctico por las 500 piezas del museo, se comentan una serie de anécdotas bastante curiosas sobre las personalidades que se dedicaron al desarrollo de la tecnología, como Augusta Ada Byron, hija del poeta Lord Byron, y más conocida como Lady Lovelace (1815 – 1852). Esta mujer fue la primera programadora de la historia y una pionera de la computación. De pequeña la separaron de su padre, pues la madre sentía pavor de que su hija desarrollara las dotes artísticas del poeta. Lady Lovelace se dedicó a los números y diseñó varios programas para desarrollar cálculos matemáticos. En su honor existe un lenguaje de programación denominado ADA.

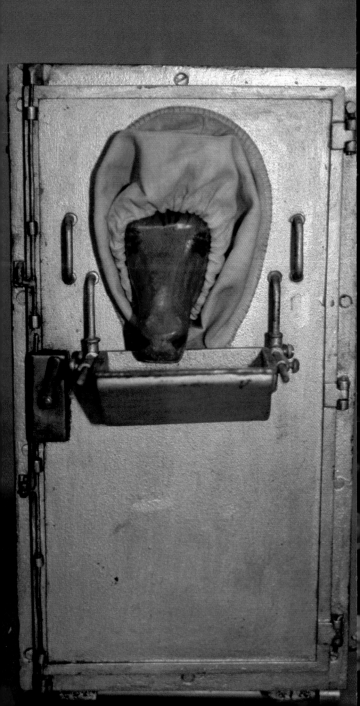

MUSEO DE VETERINARIA MILITAR

Darío Gazapo, 3
• Tel.: 91 512 25 00
• Horario: lunes a viernes de 10 a 13h
• Metro Colonia Jardín
• Bus 65
• Sólo visitas concertadas previamente

> *Una colección de herrajes ortopédicos...*

Ubicado dentro del Centro Militar de Veterinaria de la Defensa, el interesante y poco conocido Museo de Veterinaria Militar, puede visitarse sólo con cita previa.

El visitante descubrirá una serie de objetos que describen la evolución de la medicina veterinaria en las últimas cinco décadas. Se pueden ver, por ejemplo, un fogón y un fuelle que se usaban en la guerra para herrar a los caballos, así como una colección de herrajes ortopédicos.

La "sala de los recuerdos" del museo contiene una gran colección de instrumental quirúrgico como bisturís, martillos, escalpelos y pinzas de disección, así como maquetas muy originales que escenifican los antiguos métodos para desparasitar, operar o curar a los caballos. Se puede ver también una montura con un accesorio especial para llevar una camilla con un soldado herido.

La sala no es demasiado grande pero sí muy ilustrativa pues cuenta con varias secciones que describen las funciones del Centro Militar de Veterinaria, activo desde 1942. También hay distintos tipos de uniformes, botiquines de ganado, equipos reglamentarios de campaña y una colección de 130 botes para la preparación de recetas. Aunque el museo está abierto al público en general, la mayoría de los visitantes son veterinarios.

LAS EXHIBICIONES AÉREAS DE LA FUNDACIÓN INFANTE DE ORLEÁNS

Aeródromo de Cuatro Vientos
• Tel.: 91 321 18 57
• Horario del Museo Aéreo: martes a sábado de 11 a 14h
• Exhibiciones aéreas: primer domingo de mes (excepto enero y agosto) a las 11h
• Entrada: 5€

> **Aviones de los años 30 en el cielo de Madrid**

El primer domingo de mes, la Fundación Infante de Orleáns organiza en el Aeródromo de Cuatro Vientos una exhibición aérea única en Madrid en la que se pueden ver volar aviones históricos de los años 30. Tanto los aficionados a la aviación como los visitantes curiosos vivirán una experiencia única al ver despegar aviones como el Polikarpov I-16, el avión soviético de los años 30 que cumplió un papel destacado en la Guerra Civil española.

Entre la fabulosa colección de 23 aviones de 17 modelos distintos, destacan el avión ligero British Aircraft Swallow, el Bücker Bü 131(utilizado por la Luftwaffe durante la Segunda Guerra Mundial), el Piper J-3 (avión de despegue y aterrizaje corto) y el Cessna O-1 Bird Dog (fabricado especialmente para el ejército de Estados Unidos en los años 50). Pero uno de los momentos estelares de la exhibición son las acrobacias que realiza el Sukhoi Su-26.

Los aviones pueden verse también de martes a sábado en el museo, pero no hay nada mejor que verlos en acción. Aunque la exhibición mensual empieza a las 11, antes puede caminar entre los aviones, aparcados al borde de la pista. Un especialista en aeronáutica va desgranando por megafonía la historia y características técnicas de cada ejemplar. Una hora más tarde, los pilotos suben a los aviones para ponerlos en marcha, siempre y cuando el tiempo y el clima lo permitan.

VOLAR EN UN AVIÓN HISTÓRICO

La Fundación Infante de Orleáns debe su nombre al aviador militar Alfonso de Orleáns, de quien se pueden ver algunos recuerdos, como su traje y gafas de aviador, en el museo. La fundación existe desde 1989 y su objetivo es recuperar, restaurar y promover el patrimonio histórico aeronáutico español. Para ser socio de la fundación es necesario rellenar un formulario y hacer una contribución de 60 euros anuales. Entre los privilegios más codiciados de ser socio protector está participar, justo antes de la exhibición, en el sorteo de una plaza en vuelo. El elegido vuela como acompañante en un Dornier 27.

CUBO DE BAMBÚ

Los Clarinetes, 13
• Metro Carabanchel Alto

*Un edificio
hecho
de bambú*

En la zona del Ensanche de Vallecas no se pierda lo que parece ser una inmensa cabaña oriental: tiene, sencillamente, la gran originalidad de estar hecha de bambú.

Construido por el estudio FOA (Foreign Office Architects), que dirigen Alejandro Zaera y Farshid Moussavi, para la Empresa Municipal de la Vivienda, el edificio tiene 88 viviendas protegidas de bajo coste para que sean accesibles para menores de 35 años con salarios bajos, y puedan así dejar de vivir con sus padres, algo frecuente en España.

Desde fuera parece que el edificio no tiene ventanas, pues a simple vista es sólo un cubo de bambú, pero conforme uno se va acercando puede distinguir las contraventanas articuladas. Las viviendas son pequeñas pero cuentan con todas las comodidades, incluso con una terraza de 1,50 metros de ancho, en las fachadas este y oste, y balcones de 0,50 metros en las fachadas norte y sur. Todas las viviendas tienen fachadas a ambos lados del bloque, lo que permite una ventilación cruzada, ideal para el caluroso verano madrileño. Tanto dentro de las viviendas como fuera se ha dado preferencia a los materiales naturales. El parking, por ejemplo, está recubierto de vegetación. El edificio ocupa menos de la mitad del terreno, el resto es un área de jardines y juegos. Y para que los grafiteros no estropeen la fachada, se ha colocado una valla de metal en la parte inferior del edificio.

El bambú empleado para este proyecto, cuya característica es que crece rápidamente, se llama guadua y es muy frecuente encontrarlo en muchos países asiáticos y en zonas tropicales, desde México hasta el sur de Argentina. Su uso está muy extendido en estas regiones y empezó a utilizarse en construcciones hace más de 9 mil años.

COLONIA DE LA PRENSA

Rodríguez Lázaro, 1
• Metro Eugenia de Montijo

La vanguardia arquitectónica en 1910

En el distrito de Carabanchel, un arco sostenido por dos torres gemelas y con una marquesina en el centro llama la atención del paseante. La marquesina es de hierro forjado y cerámica, y en ella pueden leerse las palabras "Colonia de la Prensa". Esta construcción, de estilo modernista, es la puerta de entrada al que fue un barrio clave en el desarrollo urbano del Madrid de principios del siglo XX.

La Colonia de la Prensa surgió debido a la necesidad de ampliar la ciudad y urbanizar la zona comprendida entre Carabanchel Alto y Bajo. Se llamó así porque fue habitada por un grupo de periodistas y escritores que fueron conocidos como "Los Cincuenta".

La construcción de la primera ciudad de periodistas de España se inició en 1913 y la obra estuvo a cargo del arquitecto Felipe Mario López Blanco. Esta urbanización, espaciosa y con gran incidencia en el diseño, estuvo conformada por un gran número de chalés modernistas. De ellos sólo algunos permanecen en pie pues muchos fueron derribados durante la Guerra Civil. Los que no fueron afectados por la guerra cedieron ante la presión inmobiliaria y la necesidad de realizar construcciones verticales.

Hasta 1948, año en que fue anexado a Madrid, Carabanchel fue un pueblo tranquilo de las afueras de la capital. Por tal motivo la cooperativa de periodistas eligió Carabanchel como un lugar de descanso y veraneo. A partir de los años cincuenta la zona se fue convirtiendo en un barrio obrero y cada vez fueron quedando menos casas originales. En 1980 hubo un intento por rescatar algunas viviendas debido a su valor arquitectónico e histórico, en especial las de las calles Época y Diario La Nación (nombres de dos periódicos de entonces).

VIDA DE PUEBLO EN LA CIUDAD

La Plaza de Carabanchel es el epicentro del casco antiguo de este distrito, que hasta mediados del siglo pasado fue un pueblo alejado de la capital. Caminar por esta zona es transportarse a otra época, sobre todo si se sube por la calle Monseñor Óscar Romero hasta la Ermita de Nuestra Señora de la Antigua. Esta iglesia, de estilo románico-mudéjar, data del siglo XIII. En esta misma zona han sido encontrados restos romanos del siglo I.

CALLE LEÓN V DE ARMENIA ❻

• Metro Carpetana

> **León V,
> el rey que hizo
> de Madrid
> la capital
> de Armenia**

Son muy pocos los madrileños que al pasar por la calle León V de Armenia, cerca de Vía Carpetana, pueden decir que conocen la historia de este fabuloso rey que un día hizo de Madrid la capital de Armenia.

León o Levon V (ocasionalmente León VI, 1342-1393), perteneciente a la Casa de Lusignan, fue hijo de Juan de Lusignan y de Soldane, hija de Jorge V de Georgia. Fue el último monarca del reino armenio de Cilicia y gobernó de 1374 a 1375. El reinado fue breve porque su hermano, Constantino V, intentó matarlo y tuvo que huir a Chipre. Antes, en 1360, fue nombrado caballero de la Orden de la Espada, y Senescal de Jerusalén, el 17 de octubre de 1372. En Chipre se casó con Margarita de Soissons y fueron coronados de acuerdo a los ritos latinos y armenios en Sis. Después de varias batallas contra las poderosas fuerzas mamelucas fue tomado prisionero en el castillo chipriota de Kapan y luego trasladado a El Cairo con su familia, donde pasó varios años bajo la vigilancia del sultán egipcio. Durante el cautiverio, entre 1379 y 1381, su esposa Margarita falleció.

El padre franciscano Jean Dardel, en peregrinación hacia Jerusalén, se enteró de la situación del rey preso e intervino, junto con Juan I de Castilla y León, para que fuera liberado. El monarca castellano tuvo que pagar un millonario rescate al sultán para que dejara en libertad a León V, quien llegó enfermo y pobre a Medina del Campo en 1383. En esos momentos el rey Juan I se encontraba en Badajoz a punto de casarse con la princesa Beatriz de Portugal y rindió al rey armenio honores y privilegios, como la donación del dominio madrileño mientras él viviera. Al morir Juan I, León tendría que devolver Madrid a la Corona. Así fue como León V de Armenia se convirtió en León I de Madrid.

León de Lusignan gobernó el reino madrileño con justicia e igualdad, y fue admirado y estimado por todos. Reconstruyó las torres del Alcázar Real y mantuvo en el cargo a los funcionarios reales y municipales, absolviendo previamente de culpa a los desobedientes. Fue un monarca muy querido, en Madrid y en toda la Península Ibérica. El rey era de una estatura inusual: parecía un gigante pues rondaba los dos metros de altura.

Debido a la muerte de su protector Juan I en 1390, León de Lusignan dejó Castilla y partió a Francia. Murió en París en 1393, no sin antes intentar poner de acuerdo a las cortes francesa e inglesa para promover una nueva Cruzada con el objetivo de recuperar sus legítimos dominios. Pero no lo consiguió. Fue sepultado en el Convento de los Celestinos, en París, y más tarde trasladado a la Basílica Real de Sant-Denis, donde hoy descansan sus restos.

MELUSINA, MITAD, MUJER MITAD SERPIENTE, FUNDADORA DE LA ESTIRPE LUSIGNAN

Según la leyenda, León V fue nieto del hada Melusina, fundadora de la estirpe Lusignan, (etimológicamente, "Melusina" podrían significar "madre de los Lusignan"), quien se casó con un caballero de Poitou de nombre Raymondin, es decir "rey del mundo". Melusina ha sido simbólicamente asociada a las leyendas medievales, a la bíblica Magdalena y a la celta Lusine. La siguiente leyenda fue propagada por Jean D´Arras entre 1382 y 1394: Elinas, rey de Albania (un eufemismo poético para Escocia, la "tierra blanca") salió a cazar un día y se encontró en el bosque con una bella dama. Era Presina, madre de Melusina. El rey la persuadió para que se casara con él y ella aceptó pero con la condición –siempre tiene que haber una condición fatal entre un hada y un mortal- de que no entrara en su habitación cuando diera a luz o bañara a sus hijos. Él acepto el trato. Se casaron y Presina dio a luz a trillizas. Pero él violó la prohibición y el hada abandonó el reino partiendo con sus tres hijas a la isla perdida de Ávalon, asociada a la isla de San Brandán y al reino subterráneo de Agharta.

Las tres niñas, Melusina, Melior y Palestina, crecieron en Ávalon. Al cumplir los quince años, Melusina, la más bella de las tres, le preguntó a su madre por qué habían sido llevadas a Ávalon. Al conocer la promesa rota de su padre, Melusina juró venganza. Ella y sus hermanas encerraron a Elinas en el interior de una montaña. Al enterarse de lo que habían hecho sus hijas, Presina se enfureció y las castigó por haberle faltado el respeto a su padre. Melusina fue condenada a tomar la forma de una serpiente de cintura para abajo todos los sábados.

Melusina vivía desterrada en el bosque encantado de Poitou junto a la Fuente de la Sed. Allí fue donde el caballero Raymondin, durante una cacería de jabalí, la vio bañándose a la luz de la luna, se enamoró de ella y le pidió matrimonio. Tal como hizo su madre, Melusina puso una condición: prohibido entrar a su habitación los sábados. Él estuvo de acuerdo pero inmediatamente rompió la promesa y la vio bañándose desnuda descubriendo así su forma: mitad mujer, mitad serpiente. Ella le perdonó pero la suerte estaba echada. Le dio dos anillos mágicos, se acercó a la ventana y tras un grito estridente de dolor incontenible se lanzó. Tomó la forma de un dragón alado y desapareció para siempre.

El hada Melusina fue abuela de León de Lusignan, rey de Armenia y de Madrid, quien, siempre según la leyenda, no tardó en identificar el monasterio de Montserrat en Cataluña como el lugar donde fue sepultado Raymondin.

LOS LUSIGNAN: ¿UNA DINASTÍA QUE ESTUVO EN POSESIÓN DEL SANTO GRIAL?

La dinastía de los Lusignan reinó en Armenia de Cilicia (o pequeña Armenia) a partir de 1341 con Constantino IV y perduró hasta 1375 con León V.

Esta dinastía se distinguió principalmente por los conocimientos gnósticos de algunos de los Lusignan: con Guy de Lusignan (1150-1194), los Lusignan se convirtieron en la primera dinastía nobiliaria de Europa en ocupar el trono de Jerusalén, el centro del mundo para los cristianos de la Edad Media. Fue así como fueron considerados los "reyes del mundo".

Según la tradición espiritual, fueron también los Lusignan los que llevaron el Santo Grial de Jerusalén a Chipre y después a Armenia...

La leyenda según la cual Melusina (cuya etimología significaría "Madre de los Lusignan") se unió a Raymondin (cuya etimología significa "rey del mundo") para crear la dinastía de los Lusignan, toma todo su sentido, legitimando la posición de los Lusignan. El hada, que simboliza el conocimiento divino, al unirse a los Lusignan (asimilado a los Lusignan a través de su título de "rey del mundo"), encarna el don del conocimiento

divino concedido a los Lusignan, quienes estaban en posesión del Santo Grial, símbolo por excelencia del conocimiento divino.

En la leyenda, el hecho de que Raymondin no pueda ver a Melusina los sábados, recuerda que fue ese día (el *sabbat* en la tradición hebraica) cuando Dios descansó después de la creación. También es el día de la reflexión, de la prohibición de prácticas corporales, pero también es el de la práctica espiritual, durante la cual la gracia divina se revela al hombre y lo inicia en los saberes secretos sobre los que debe saber guardar silencio.

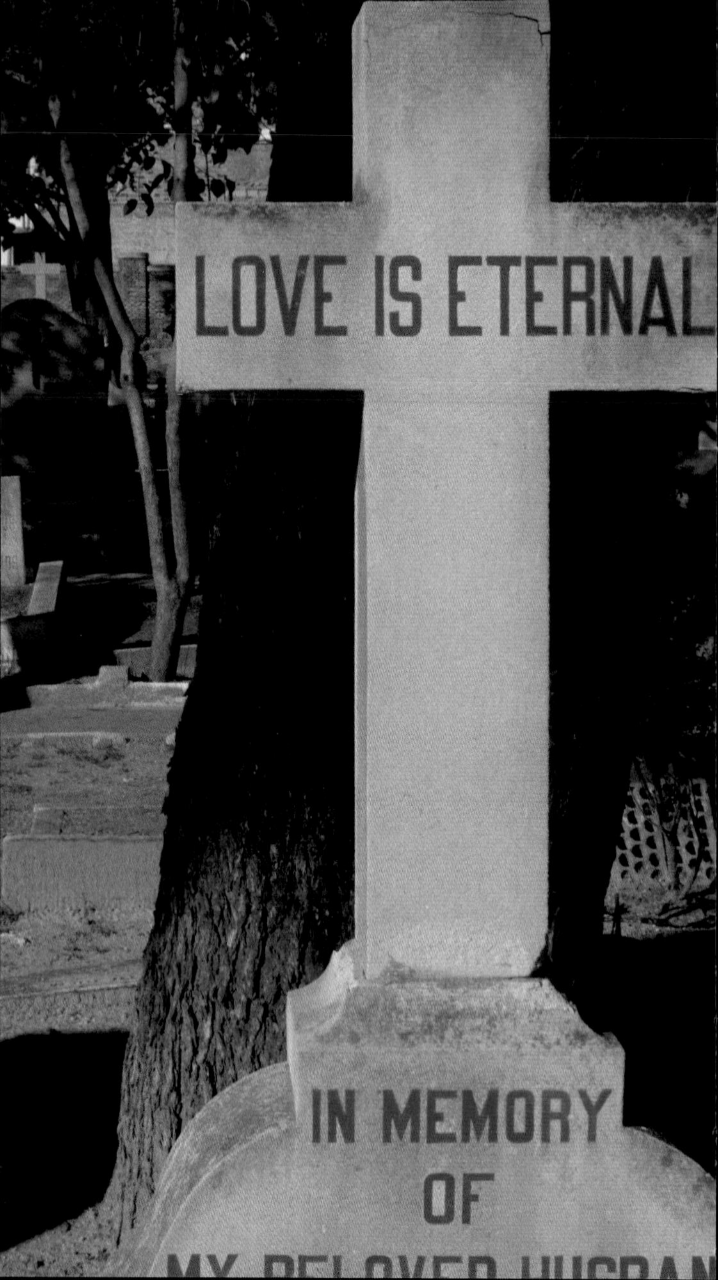
LOVE IS ETERNAL
IN MEMORY
OF

CEMENTERIO INGLÉS ❼

Calle Comandante Fontanes, 7
• Teléfono del Consulado Británico: 91 524 97 18
• Horario: martes, jueves y sábado de 10.30 a 13h
• Metro Urgel

> **Un pedazo del Reino Unido en Carabanchel**

Oportunamente flanqueado por las calles de Irlanda e Inglaterra, en el barrio de Carabanchel, se encuentra uno de los lugares más desconocidos de Madrid, el primer y único camposanto británico de la ciudad. Inaugurado en 1854, fue creado con el objetivo de ofrecer un sitio para que los cristianos no católicos fueran enterrados, ya que no eran admitidos en los demás cementerios. Con el tiempo fueron enterradas personas de otras confesiones y sectas, incluyendo luteranos, miembros de la iglesia ortodoxa griega y rusa, judíos, e incluso musulmanes. Como la ley española no permitía enterrarlos en los cementerios civiles, las comunidades extranjeras no católicas eligieron este pequeño cementerio de característico estilo inglés para su último reposo.

Entre sus mausoleos destacan el de la familia Parish, proveniente de Stafford y fundadora del famoso Circo Price madrileño, o el del suizo Emilio Lhardy, creador en 1839 del primer restaurante elegante de Madrid, toda una institución que mantiene su discreto esplendor. La familia de banqueros austrohúngaros Bauer tiene aquí su sepulcro, y otro monumento funerario, el de los Terstch, llama la atención por sus símbolos masónicos. Loewe, Girod o Boetticher son algunos de los apellidos ilustres que aquí reposan, así como los príncipes de la dinastía Bagration, originaria de Georgia.

El tranquilo reducto cobija unas 700 sepulturas, y entre sus lápidas se entrecruzan historias pasadas de lujos, exilios o espías: entre sus huéspedes también figuran miembros del servicio secreto inglés.

En la actualidad casi no se celebran funerales, pero aún hay espacio disponible para enterrar cenizas en el evocador paisaje de un camposanto de siglo y medio de antigüedad.

UN TERRENO QUE PERTENECE A GRAN BRETAÑA

A manera de curiosidad, cabe destacar que el escudo del Imperio Británico denota que el terreno donde se ubica el cementerio goza de una condición similar al de las embajadas en territorio extranjero. Es decir, pertenece al Reino Unido.

ESCULTURA DE SANTA MARÍA DE LA CABEZA ❽

Puente de Toledo
Glorieta de las Pirámides s/n
• Metro Marqués de Vadillo

> *La milagrosa viuda olvidada de San Isidro*

Caminando por el Puente de Toledo, sobre el río Manzanares, una hornacina de piedra contiene una escultura olvidada de Santa María de la Cabeza, viuda de San Isidro, patrono de Madrid.

Este puente fue construido entre 1718 y 1732 por el arquitecto Pedro de Ribera, quien probablemente se inspiró en un legendario episodio protagonizado por la propia Santa María y San Isidro: todas las noches María soñaba que la Virgen podía cruzar el río Jarama extendiendo su manto sobre las aguas. En memoria de lo ocurrido se construyó el Puente de Toledo.

Santa María de la Cabeza se llamaba María Toribia, nació en el siglo XII en Guadalajara y vivió en Torrelaguna, en la provincia de Madrid. Murió entre 1175 y 1180. Llevó una vida abnegada, piadosa y pródiga en el ejercicio de la caridad. Pasó varios períodos de su vida como anacoreta, hecho que fue distorsionado pues de ella se llegó a decir que era una campesina inculta, aunque la Orden de los Templarios luego lo desmintió. Realizó muchos estudios religiosos junto a su marido, al que conoció cuando éste huía de la conquista almorávide, convirtiéndose en una gran conocedora de la religión y del culto a María, por quien los templarios sentían una gran devoción. Tras su muerte fue enterrada en la ermita visigoda de Santa María que solía visitar con frecuencia en vida, situada cerca del río Jarama, en las proximidades de Torrelaguna, que fue un dominio templario. Por ello la ermita perteneció a la Orden del Templo hasta 1311. Ahí se guardó la cabeza de Santa María en un relicario, sobre el altar mayor del oratorio. Con la extinción de la Orden del Templo, la cabeza y el cuerpo de la santa fueron trasladados al convento franciscano de Nuestra Señora de la Piedad de Torrelaguna, y guardados en la sacristía, en un arca de marfil. Allí permanecieron hasta que fueron trasladados nuevamente, esta vez a Madrid, en 1645. En 1769 pasaron del oratorio de Casas Consistoriales al retablo de la Colegiata de San Isidro, donde actualmente se veneran los restos de su esposo.

Todas estas circunstancias, examinadas por jueces apostólicos, llevaron al papa Inocencio XII a confirmar y aprobar el culto inmemorial a la sierva de Dios el 11 de Agosto de 1697, inscribiendo su nombre en el santoral como Santa María de la Cabeza y eligiendo el 9 de septiembre como fecha de celebración en su honor.

La Edad Media no fue un período exclusivamente masculino. En el siglo
XII la vida conventual proporcionaba una gran vitalidad intelectual, como
lo demostró la alemana Hildegarda de Bilgen, monja estudiosa y mística,
o también la contemplativa Juliana de Norwich, en Inglaterra. En el
ámbito clerical, el papel de las mujeres era, sobre todo, el de esposas
que colaboraban con sus maridos o de viudas que tenían una existencia
más independiente. Esta fue la situación de la madrileña universal Santa
María de la Cabeza, viuda de San Isidro y madre de San Illán, quien fue un
paradigma de las mujeres iluminadas de la Edad Media que supieron unir
la fe y la sabiduría.

Simbólicamente, la presencia de esta santa convierte el puente en un
pasaje entre el mundo humano y el espiritual que remite al término
latino *pontifex* o "constructor de puentes". Literalmente, el pontífice es el
intermediario entre ambos mundos.

LOS OBELISCOS MASÓNICOS DEL PASILLO VERDE FERROVIARIO   **⑨**

Plaza Ortega y Munilla
Esquina de la calle Ferrocarril y Paseo de las Delicias
Calle Santa María la Real de Nieva

> *El obelisco como una versión simplificada de las antiguas pirámides egipcias...*

En el distrito de Arganzuela se pueden ver tres obeliscos muy similares con inscripciones que remiten a la masonería. Dos de ellos son iguales (sección triangular y remate piramidal) y se ubican en zonas más abiertas y justo al lado de estaciones modernas, como lo son Delicias y Pirámides. El tercer obelisco, rematado por un plano inclinado, es de menor tamaño y además se encuentra en una zona escondida y poco transitada. Los dos primeros están "acristianados" pues llevan una cruz y están expuestos a todos. El tercero, en cambio, no está "acristianado" y se reserva a una exposición más discreta. Estos curiosos obeliscos, obra del arquitecto Manuel Ayllón, se ubican dentro de lo que se conoce como Pasillo Verde Ferroviario, construido entre 1989 y 1996 en la calle Santa María la Real de Nieva, la Plaza Ortega y Munilla y la esquina de la calle Ferrocarril con Paseo de las Delicias. Los tres llevan inscritas en la base las palabras "Lau-

Deo" (Alabanza a Dios) y representan las tres virtudes masónicas por excelencia: la Sabiduría, la Fuerza y la Belleza.

En la francmasonería el obelisco representa al Gran Oriente Eterno y también al Sol espiritual. Es por ello que el obelisco era un objeto de culto en la antigüedad, especialmente entre los egipcios, que lo consideraban un nexo con el Dios Sol, al que veneraban y llamaban Per-Amen-Ra. El obelisco es también una forma depurada de los primitivos menhires celtas y una versión simplificada de las antiguas pirámides egipcias. Se dice que funciona como catalizador de la energía celeste y como condensador de la energía terrestre, lo que los orientales llaman Fohat y Kundalini, y los occidentales telurismo sideral y telurismo planetario. Así, el obelisco sirve de núcleo que concentra ambos tipos de energía irradiando vigor al lugar y a quienes por allí circulan.

LAS COLUMNAS SALOMÓNICAS DE MADRID

En la misma época en que fueron concebidos los obeliscos, Manuel Ayllón también diseñó una serie de columnas que marcaban los kilómetros del Pasillo Verde Ferroviario y bajo las cuales pasaban los trenes. En un principio se pensó que podían ser de mármol verde pero debido al elevado coste se hicieron en piedra artificial. Con el tiempo, todas fueron destruidas por actos de vandalismo. También se dice que fueron retiradas por problemas políticos. En cualquier caso, lo poco que quedó de ellas fue trasladado a los almacenes municipales.

Colocadas en puntos clave donde confluyen las fuerzas telúricas que recorren la ciudad, las columnas salomónicas con fuste de forma helicoidal recordaban a las columnas de bronce en la entrada del antiguo Templo de Salomón en Jerusalén. Los nombres de las columnas, Jakin y Bohaz, respectivamente significan "establecerá" y "la fuerza está en él". Ambas palabras juntas significan "Dios establecerá por la fuerza, el templo y la religión y será el centro".

Tradicionalmente la columna Jakin, considerada un símbolo del sol, se ubicaba a la derecha del pórtico del Templo y era de color negro o rojo. Bohaz solía ser la columna izquierda, representaba a la luna, y era de color blanco o verde.

En la tradición hinduista, Jakin y Bohaz son Jnana y Bhakti, es decir Sabiduría y Amor, cualidades que caracterizan a los grandes iluminados, y que en Oriente suelen llamarse Bhante-Jauls (hermanos de pureza). Estos a menudo llevan las iniciales J.B, como Juan Bautista, por ejemplo, o como Jesucristo, que nació y murió en dos lugares que llevaban las mismas iniciales: Belén y Jerusalén.

Para representar la sensación de estar de paso, el arquitecto madrileño tuvo el acierto de colocar las columnas cerca de la vía del ferrocarril. Por allí circulan los trenes que transportan gente de un lugar a otro, una transición que estaba relacionada con el significado de los pilares salomónicos.

ESCULTURAS DE LOS CINCO SÓLIDOS PLATÓNICOS

Plaza Ortega y Munilla: tetraedro
Plaza Francisco Morano: hexaedro
Parque de las Peñuelas: icosaedro
Plaza de Santa Maria de la Cabeza: octaedro
Paseo de los Melancólicos (Santa María la Real de Nieva y Jemenuño): dodecaedro

> *Hermetismo en Madrid*

Las cinco figuras geométricas distribuidas en diferentes puntos del distrito de Arganzuela representan uno de los grandes misterios de la ciudad por la poca o nula información que se tiene sobre ellas y por su significado simbólico. Se trata de un hexaedro, un icosaedro, un tetraedro, un octaedro y un dodecaedro, todos ellos diseñados por el escritor Luis Racionero y el arquitecto Ismael Guarner. El arquitecto Manuel Ayllón fue el Consejero Delegado del Consorcio Urbanístico del Pasillo Verde Ferroviario y el propulsor del proyecto. La ubicación de estas figuras no fue elegida al azar pues cada punto marca en la superficie el recorrido subterráneo del nuevo trazado ferroviario de 7 kilómetros entre la estación de Atocha y Príncipe Pío. Estas esculturas representan a los cinco sólidos platónicos, que aparecen en el tratado de geometría de Luca Pacioli (Sansepolcro, 1445-1517), un fraile franciscano precursor del cálculo de probabilidades. En su obra más importante, *De la Divina Proporción*, aborda temas vinculados a los polígonos y a la perspectiva que luego fueron usados por los pintores del Quattrocento. También fue maestro de Leonardo Da Vinci. Las esculturas de los sólidos platónicos del distrito de Arganzuela resultan un tanto extrañas e indescifrables para el paseante acostumbrado a obras urbanas más figurativas. Su existencia se debe a un objetivo concreto: indicar la "perfección del orden natural" y su traslado inteligente a las obras de los hombres.

La geometría es la disciplina por excelencia del universo iniciático masónico. Para el arquitecto Manuel Ayllón, el conocimiento de los números y de su significado permite medir el progreso en la escala de conocimiento masónico. Los diferentes niveles por los que tiene que pasar el aprendiz para alcanzar el grado de maestro están relacionados con el conocimiento de la geometría y de su significado simbólico. El 1 es la unidad, lo esencial; el 2, el principio de la dialéctica, lo masculino y lo femenino; el 3, la trinidad, lo sagrado y lo divino; el 4, los cuatro elementos…y así sucesivamente. En el caso de los sólidos platónicos, cada poliedro está formado por los polígonos elementales, y el plano (es decir, la doble dimensión) los eleva a lo espacial y corpóreo (las tres dimensiones). El tránsito del 2 al 3 es también un tránsito iniciático orientado a transformar a un profano en iniciado, a un aprendiz de masón en maestro masón, lo que en cierta forma equivale a "salir de las tinieblas para ir hacia la luz".

> Para más información sobre la relación entre los cinco sólidos platónicos y los cinco elementos naturales (tierra, agua, fuego, aire y éter) y sus respectivos planetas, ver doble página siguiente.

LOS CINCO SÓLIDOS Y LA GEOMETRÍA SAGRADA

La *geometría sagrada* es una visión del mundo según la cual se perciben como *sagrados* los criterios de base de la existencia. Mediante sus vínculos, el hombre contempla el *Magnum Misterium*, el *Gran Proyecto* del Universo, aprendiendo sus leyes, sus principios y las interrelaciones de las formas. Estas formas universales se sistematizan en un complejo geométrico donde cada figura tiene su interpretación matemática y filosófica y se aplican en los proyectos de *arquitectura sagrada* y de *arte sagrado*, que utiliza siempre las *divinas* proporciones a través de las cuales el Hombre refleja el Universo y viceversa. Es habitual pensar que la *geometría sagrada* y sus relaciones matemáticas, armoniosas y proporcionales, también se dan en la música, la luz y la cosmología. Este sistema de valores ya había sido descubierto por los humanos en la Prehistoria, en la cultura megalítica y neolítica. Incluso algunos la consideran como una cultura universal de la condición humana.

La *geometría sagrada* es fundamental para la construcción de estructuras sagradas, como las sinagogas, las iglesias y las mezquitas, e interviene igualmente en el espacio sagrado interior de los templos, como los altares y los tabernáculos. Herencia de la cultura greco-egipcia llevada a la Roma Antigua, se transmitió hasta la Edad Media europea e inspiró la creación de las arquitecturas románicas y góticas de las catedrales medievales europeas, incorporando la geometría al simbolismo sagrado. Cuentan que fue Pitágoras (Samos, hacia 570 a. de Cristo - Metaponte, hacia 497 a. de

Cristo) quien fundó el sistema de la *geometría sagrada* en su escuela de Crotona, en Grecia. Este filósofo y matemático habría vuelto a Grecia trayendo los conocimientos adquiridos en Egipto y en la India. A partir del número áureo (1,618) aplicado a las formas geométricas de los cinco sólidos de base, Pitágoras creó el método matemático universalmente conocido como *geometría pitagórica*.

Para crear los cinco sólidos (tetraedro o pirámide, hexaedro o cubo, octaedro, dodecaedro e icosaedro), que posteriormente fueron estudiados por Platón hasta tal punto que se los conoce como *los cinco sólidos platónicos*, Pitágoras se inspiró en el mito griego de los juguetes del niño-dios Dionisio: cesto, dados, peonza, pelota y espejo. Cósmicamente, el *cesto* representa el Universo; los *dados* son los *cinco sólidos platónicos* que ilustran los elementos naturales (éter, aire, fuego, agua y tierra); la *peonza* es el átomo de la materia; la *pelota* es el globo terrestre, y el *espejo* refleja toda la obra del Supremo Geómetra (*Dionisio*), la manifestación universal de la Vida y de la Conciencia, de Dios hacia el Hombre y viceversa.

Asimismo, cada uno de los cinco sólidos platónicos representa una energía planetaria que se une por su forma a un elemento natural. Así, el *dodecaedro* está tradicionalmente ligado a Venus y a la quintaesencia natural -el éter- reflejado por el domo del templo; el *octaedro* está ligado a Saturno y al aire, representado por el crucero; el *tetraedro* está ligado a Marte y al fuego, simbolizado por las aperturas del templo de donde surge la luz; el *icosaedro* a la Luna y al agua que establece la armonía de las formas en el dibujo del templo, construyendo las líneas de unión entre los altares y las columnas; el *hexaedro* (o cubo) fija el Sol al suelo, representa el elemento tierra y por consiguiente determina el trazado de la base o del suelo del templo.

El principal objetivo de la *geometría sagrada* es pues reflejar la Perfección Universal mediante formas y cálculos matemáticos perfectos, y a través de la *arquitectura sagrada* unir la multiplicidad a la unidad en un espacio geométricamente consagrado a este efecto.

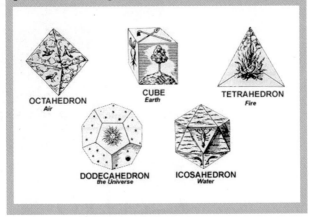

OCTAHEDRON
Air

CUBE
Earth

TETRAHEDRON
Fire

DODECAHEDRON
the Universe

ICOSAHEDRON
Water

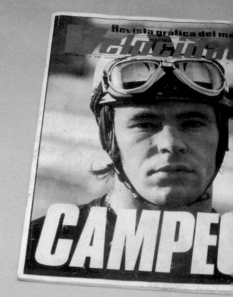

Revista gráfica del ma

CAMPE

MUSEO ÁNGEL NIETO

Avenida del Planetario, 4. Parque Tierno Galván
• Tel.: 91 468 02 24
• Horario: de martes a viernes de 11 a 18h. Sábado y domingo de 10.30 a 14.30h
• Entrada: 1 €
• Metro Méndez Álvaro

A pesar de la gran afición que existe en España y de los grandes exponentes españoles del motociclismo a lo largo de la historia, el pequeño museo Ángel Nieto pasa prácticamente inadvertido. Si bien el museo podría estar mejor cuidado, no deja de

> *Recuerdos de un campeón del motociclismo*

llamar la atención por el hecho de que existe un museo que rinde homenaje a un personaje que todavía está vivo.

Ángel Nieto es un héroe: cuatro subcampeonatos del mundo, 90 grandes premios, 23 campeonatos de España en motos de distintas cilindradas y 13 campeonatos del mundo. Mejor dicho, "12 +1", como él prefiere decirlo debido a su extrema superstición.

El museo hace un recorrido por la historia de este piloto zamorano, y en especial por sus grandes triunfos. Aquí se pueden admirar todas las motos con las que Nieto ganó los campeonatos mundiales. Máquinas que actualmente son de colección, como es el caso de la Minarelli 125 cc, con la que ganó el campeonato de 1979; la Sirocco 250 cc, campeona de España en 1981, o la moto Garelli 125 cc, tres veces campeona del mundo en 1982, 1983 y 1984.

En el museo también se puede ver una gran cantidad de objetos que en su

momento formaron parte de la vida del campeón como sus cascos, guantes y trajes. También puede echar un vistazo a la prensa de la época, a los titulares y revistas que protagonizó Nieto. Quienes lo deseen se pueden llevar a casa, a modo de *souvenir*, un póster autografiado por el propio Nieto.

Actualmente, Ángel Nieto se ha retirado del motociclismo, aunque trabaja como comentarista deportivo y preside el equipo de una importante escudería, donde dirige a su hijo Ángel Nieto JR.

SÍMBOLOS MASÓNICOS EN LA PUERTA DEL SUR DEL PARQUE TIERNO GALVÁN

• Metro Méndez Álvaro

ALGADU:
Al Gran Arquitecto del Universo

Es muy probable que quienes frecuentan el Parque Tierno Galván no se hayan dado cuenta de que el conjunto arquitectónico y escultórico conocido como la Puerta Sur está lleno de símbolos masónicos. Todo este conjunto fue planificado por Manuel Ayllón, arquitecto, urbanista y profesor vinculado a la masonería, autor de libros como *Conspiración contra el rey* o *Golpe a Venecia,* y Consejero Delegado del Pasillo Verde Ferroviario (ver página 214).

Aquí, en lo alto de la gran chimenea metálica del parque construido en honor a Enrique Tierno Galván, el alcalde más querido de Madrid, se pueden leer, si se tiene muy buena vista o unos prismáticos a mano, las letras ALGADU, acrónimo de "Al Gran Arquitecto del Universo", un nombre simbólico usado en la masonería para referirse al Principio Creador, independientemente de la religión que practiquen sus miembros.

También se puede ver la rampa (que representa la "entrada al cielo"), con los clásicos colores negro y blanco de la masonería. Es importante destacar que el eje este-oeste está alineado con la posición astronómica de ascenso y descenso del sol. Hacia el norte apunta al Observatorio Astronómico, el ojo que permite "leer los cielos", y al sur al Cerro Negro y Cerro de los Ángeles, verdadero centro geográfico de España, según Manuel Ayllón.

En el suelo de la Puerta Sur se puede ver el típico tablero de ajedrez, que dentro de la simbología masónica está asociado al llamado cuadrado de Mercurio, símbolo de la unión de lo líquido y lo sólido.

Los números 3 y 7, tan valorados en la simbología masónica, también están presentes en el monumento: hay tres farolas a cada lado de la puerta, 3 y 3, evocando al número 33, la edad de Cristo cuando fue crucificado, y también la medida de la puerta: 33 metros. La chimenea tiene 49 metros de altura por lo que se la relaciona con el número 7, que representa la "entrada al cielo".

El arquitecto Manuel Ayllón también proyectó otros elementos masónicos y herméticos en el mismo distrito, como los cinco sólidos platónicos distribuidos en distintos puntos de Arganzuela (ver página 217), y los tres obeliscos ubicados en el Paseo de los Melancólicos, la Plaza de Ortega y Munilla y la esquina de la calle Ferrocarril con Delicias (ver página 214).

DESCIFRANDO OTRAS CLAVES MASÓNICAS EN MADRID...

La estatua de Emilio Castelar (Plaza de Emilio Castelar), obra del arquitecto francmasón Benlliure, está coronada por tres personajes femeninos que representan la Sabiduría, la Fuerza y la Belleza, las tres grandes virtudes masónicas.

La Capilla de la Bolsa (restaurante), donde antiguamente se encontraba la Bolsa de Madrid que luego albergó una Logia masónica.

Paseo de las Acacias. En la masonería, la acacia está relacionada con la iniciación y con la inmortalidad. Varios alcaldes francmasones plantaron acacias en las calles madrileñas, precisamente por ser la flor predilecta de las órdenes masónicas.

Ministerio de Agricultura (ver página 144)

MUSEO MUNICIPAL DE BOMBEROS

Boada, 4
• Horario: de lunes a viernes de 10 a 13.30h
• Para concertar visitas: 91 478 65 72
• Metro Portazgo

*El origen
de los bomberos
de Madrid*

El Museo Municipal de Bomberos abrió sus puertas por primera vez en 1982. Es un lugar ideal para ver de cerca la evolución del cuerpo de bomberos de Madrid, desde los tiempos en que apagaban fuegos con instrumentos muy rudimentarios hasta la actualidad, con los últimos recursos tecnológicos para cumplir su labor.

El museo se ubica en un hangar dividido en distintas áreas. En la zona documental se pueden ver fotografías de diversas intervenciones a lo largo del siglo XIX y una colección de extintores, mangueras, transmisores, radioteléfonos y caretas de protección respiratoria de todas las épocas.

El elemento más atractivo del museo es, sin duda, la colección de vehículos, que de tan precarios resulta difícil adivinar cómo eran capaces de apagar incendios. Muchas de las bombas de agua eran manuales y los vehículos no contaban, a menudo, con un depósito de agua lo suficientemente grande como para extinguir un fuego.

Los primeros incendios a gran escala en Madrid, que en cierta forma determinaron la creación de un cuerpo de bomberos, fueron los ocurridos en la Puerta de Guadalajara y en las casas del comendador Pedro Zapata, cerca de la Plaza Mayor. Después de estos incendios el Consejo de la Villa firmó, a mediados de 1577, el primer acuerdo sobre fuegos, que resaltó la necesidad imperiosa de reunir a un grupo de hombres cualificados para socorrer a la población en caso de incendio. Así, los primeros bomberos fueron albañiles, carpinteros y oficiales de obras, pues se consideró que sus habilidades manuales y físicas encajaban en la labor. Gracias a este acuerdo, Madrid adquirió jeringas, cubetas de cuero, palanquillas de hierro, escaleras y garfios con picas largas, entre otros artilugios, que se pusieron a disposición de los primeros bomberos.

En 1618, Francisco de Villasis, corregidor en aquel entonces de Madrid, dictaminó que un grupo de 24 carpinteros se dedicaría a "matar los fuegos" de la ciudad. Los recién nombrados "matafuegos de la Villa" recibían un salario por su labor y tenían que estar listos para salir a apagar un incendio en cuanto oyeran un sonido específico proveniente de las campanas de las iglesias.

¿QUÉ SIGNIFICA "ASEGURADORA DE INCENDIOS"?
En el portal de algunos edificios de Madrid se pueden ver la inscripción "Aseguradora de incendios". Identifica a una asociación de vecinos que surgió en 1822 con el objetivo de protegerse e indemnizarse mutuamente en caso de que se incendiara alguno de los edificios registrados. La sociedad contaba con todo un equipo de apoyo al entonces precario cuerpo de bomberos.

MUSEO TIFLOLÓGICO DE LA ONCE 🄭

Calle La Coruña, 18
• Tel.: 91 589 42 19
• Horario: de lunes a viernes de 11 a 14h y de 17 a 20h
• Metro Estrecho

Un museo para tocar

Diseñado especialmente para personas que sufren discapacidades visuales, el singular Museo Tiflológico de la Organización Nacional de Ciegos Españoles (ONCE) se divide en tres áreas: la sala de material tiflológico; la sala de obras realizadas por artistas ciegos y deficientes visuales; y la sala de reproducciones de monumentos españoles y extranjeros.

El museo ocupa 1.500 metros cuadrados distribuidos en dos plantas, y está completamente acondicionado para que lo puedan visitar y disfrutar personas con problemas visuales y usuarios en sillas de ruedas. Quizás lo más curioso para el visitante sean las maquetas de monumentos célebres, como el Coliseo romano, la ciudad de Jerusalén completa, la Puerta del Sol de Tiahuanaco de Bolivia o el Acueducto de Segovia, entre otros monumentos y esculturas que forman parte del patrimonio cultural de la humanidad. Todas ellas construidas con materiales que permiten apreciar al tacto los principales rasgos de su arquitectura. Sorprende, incluso, nada más entrar, un mural a escala que reproduce en relieve las pinturas de la cueva de Altamira. Igualmente interesante es la colección de material tiflológico, que recoge todo lo relacionado con la cultura y la educación a partir de mediados del siglo XIX en relación al aprendizaje de la escritura, el dibujo, las matemáticas y la música de los ciegos. Allí se puede conocer la historia y la evolución del Braille y de otros

procedimientos de escritura alternativos, como el sistema Llorens, el sistema Sor y el sistema Moon, que intentaban encontrar una fórmula de escritura válida para ciegos y videntes simultáneamente. Entre las muestras de maquinaria tiflotecnológica, destacan una máquina para escribir en taquigrafía Braille de la década de 1930, varias calculadoras adaptadas para ciegos y el mapa en relieve de la península Ibérica, fechado en 1879 y obra del profesor Francisco Just i Valentí (1842-1926), elaborado con distintos materiales, como cuero, papel, cartulina y telas de distintas texturas.

La palabra tiflológico viene del griego *tiflos*, qui significa ciego.

BURR

BURROLANDIA

Autovía de Colmenar Viejo, Km. 21
(Salida Tres Cantos- Soto de Viñuelas, consultar el trayecto en la web)
• Horario: Domingos de 11 a 14h
• Teléfonos: 630 058 428 / 639 962 728
• Entrada gratuita • Ruta del Agua: Adultos: 8 €. Niños: 4 €
• www.amiburro.es • Autobús 716, salida desde la Plaza de Castilla.

Salvemos a los burros

Burrolandia, a tan sólo 15 minutos de Madrid, es la única reserva de la Comunidad de Madrid dedicada a proteger al burro que la Asociación Amigos del Burro mantiene en Soto de Viñuelas, uno de los parajes más silvestres de la región. Levantada con materiales de reciclaje y con la buena voluntad de sus socios, la finca permite adentrarse en la vida agrícola, y ofrece una grata convivencia con los burros y otros animales como ovejas, conejos, gallinas, cerdos y hasta una cierva criada con biberón. Adornada con aperos y objetos de labranza, la casa es una especie de museo agrícola interactivo donde se aprende el ciclo biológico del burro y el modo de trabajar de nuestros antepasados con artilugios casi en desuso.

También se proponen actividades como la Ruta del Agua, una excursión por el Monte de Viñuelas, que suele durar entre 3 y 4 horas. La práctica del senderismo se alterna, para los niños, con la subida a lomos de los pollinos más dóciles o en carretas tiradas por estos. Además, en el albergue se puede participar de otras labores: ayudar al pastor a esquilar a las ovejas, dar de comer a los pollinos, cepillarlos o pintar láminas referentes a la vida rural. La reserva, para subsistir, pone a la venta productos de cosmética elaborada con leche de burra y objetos cuyo lema es el burro: calendarios, camisetas o cuadernos. Para ello suelen organizar un rastrillo trimestral, pero algunos productos se venden todos los domingos. El fin es preservar a esta especie cuyo censo ha disminuido de manera sobresaliente, pues ha pasado del millón en los años 70 a 60.000 en la actualidad. Burrolandia ha hecho posible no sólo recuperar a los burros desahuciados y abandonados, sino también favorecer la cría de 27 pollinos y dos burdéganos (mezcla de caballo y asna).

LAS PROPIEDADES DE LA LECHE DE BURRA

La leche de burra es la más parecida a la leche materna. Sus propiedades ya eran conocidas en Egipto (se dice que Cleopatra se bañaba en leche de burra para mantenerse joven y bella) Grecia, Roma y en París, donde los orfanatos contaban con varios ejemplares para alimentar a niños y enfermos. Sus propiedades cosméticas, cicatrizantes y regeneradoras son notables pues contienen ácidos grasos, retinol y vitaminas del grupo B. En la actualidad, la leche de burra ha perdido su relevancia debido a su baja producción (un litro diario frente a los 20 que da la vaca) y al periodo de lactancia que comienza a los cuatro años de edad del animal.

ESCULTURA DE FAUSTO EN EL CEMENTERIO ⑯ DE LA ALMUDENA

Cementerio de Nuestra Señora de La Almudena
Avenida Daroca, 90
• Horario de invierno: de 8 a 19h (octubre- junio)
• Horario de verano: de 8 a 19.30h (julio- septiembre)
• Tel.: 91 510 84 64/ 91 510 84 69
• Metro La Elipa
• Bus: 15, 28, 106, 110, 113, 210

Leyenda y realidad sobre el ángel apocalíptico

Quienes visiten el Cementerio de la Almudena verán, justo en la entrada, una capilla mortuoria cuya cúpula está coronada por un ángel al que los madrileños llaman Fausto. Este ángel tiene sobre sus rodillas una trompeta apocalíptica que representó el tema central de una leyenda fatídica.

Este singular ángel apocalíptico tiene una historia muy curiosa relacionada con la inauguración del Cementerio de Nuestra Señora de la Almudena, patrona de Madrid: la inauguración tuvo lugar un año antes de lo previsto, el 15 de junio de 1884, debido a un brote de cólera en la ciudad que llevó a decidir habilitar un cementerio provisional que se dio a conocer como el "Cementerio de Epidemias".

Originalmente, la estatua de Fausto estaba en la entrada del cementerio. Pero Fausto, que representa al ángel anunciador del Juicio Final que con su trompeta proclamará el día en que los muertos volverán a la vida, era temido por los madrileños, quienes de inmediato empezaron a inventar historias en torno al supuesto sonido de su trompeta, algunos incluso aseguraron haber visto un muerto andar entre las lúgubres estancias del cementerio mientras sonaba el instrumento. Oírlo significaba, de hecho, que la muerte estaba cerca.

Tal era el terror que infundía la estatua que la cambiaron de sitio y la modificaron: en 1924 (según fuentes fiables), la colocaron en la cúpula de la capilla de estilo modernista, obra del arquitecto García Nava, y por lo tanto en un lugar menos visible que antes. Detalle inquietante: si el ángel original, también sentado mientras esperaba el día del Juicio Final llevaba la trompeta en la mano derecha, a la altura de la cabeza, la estatua actual la lleva sobre sus rodillas. ¿Se pretendía así romper el maleficio?

EL MENSAJE OCULTO DE FAUSTO

El término latino *Faustus* significa "favorable, auspicioso", un significado bien distinto al que le da la tradición popular al considerarlo el "ángel de la muerte". Asimismo, el día del Juicio Final, lejos de significar "el fin del mundo", indica más bien "el fin de los tiempos", es decir, el final de un ciclo y el inicio de otro: el de una nueva era donde la humanidad logra una mayor espiritualidad.

SIMBOLOGÍA MASÓNICA EN EL CEMENTERIO ⑰ DE NUESTRA SEÑORA DE LA ALMUDENA

Avenida Daroca, 90
- Horario de invierno: de 8 a 19h (octubre - junio)
- Horario de verano: de 8 a 19.30h (julio - septiembre)
- Tel.: 91 510 84 64/ 91 510 84 69
- Metro La Elipa
- Bus: 15, 28, 106, 110, 113, 210

El Oriente Eterno de la masonería

A la derecha de la calle central del cementerio de Nuestra Señora de La Almudena, entrando por la puerta principal del cementerio, llaman la atención las monumentales tumbas de varios masones célebres.

Antonio Rodríguez García-Vao (1862- 1886), periodista, poeta y escritor republicano. Militó en el Gran Oriente Español y Rito Escocés Antiguo y Aceptado, y fue apuñalado por un desconocido la noche del 18 de diciembre de 1866 falleciendo unas horas después. A su entierro, presidido por Nicolás Salmerón, asistieron numerosos masones, republicanos, intelectuales y artistas de la época. Sobre su tumba, y por suscripción popular, se erigió un mausoleo en su honor: es el primero a la derecha de la entrada al cementerio. El mausoleo tiene forma de obelisco y muestra la efigie del fallecido. En la masonería el obelisco representa la "piedra puntiaguda" o "piedra de la perfección" del Maestro masón. Sobre el monumento hay un triángulo y un compás,

símbolos del Gran Arquitecto en el Oriente Eterno, adonde irá el alma del fallecido masón.

La tumba de **Nicolás Salmerón Alonso** (1838–1908), tercer presidente republicano español conocido como el Maestro masón, impresiona por su singularidad: dos columnas delante de un triángulo de piedra en representación de las dos principales columnas situadas en la entrada del Templo de Salomón, donde Dios, como Unidad y Trinidad, se manifestaba a la asamblea de los fieles de la primitiva Israel. Construido en 1915, este monumento fúnebre lleva inscrito el siguiente epitafio: "Por la elevación de su pensamiento, por la rectitud inflexible de su espíritu, por la noble dignidad de su vida,

Nicolás Salmerón dio honra y gloria a su País y a la Humanidad".

Tampoco pasa desapercibido el túmulo de **Ramón Chíes**, fallecido en Madrid en 1894. Chíes fue director de *Las Dominicales de Libre Pensamiento*, semanario de información masónica y republicana. El cenotafio presenta un triángulo invertido en cada una de sus cuatro caras, símbolo de la muerte masónica, y en la parte superior se pueden ver los tres puntos masónicos representativos de la masonería simbólica (Aprendiz – Compañero – Maestro) y de la Divinidad Suprema, a quien llaman Gran Arquitecto del Universo.

Un poco más adelante se puede ver otro sepulcro, también de porte imponente: el mausoleo dedicado a **Pi y Margall** (1824-1901), presidente del Poder Ejecutivo de la I República Española y masón distinguido. Sobre el pórtico de la entrada del mausoleo, la cabeza del ángel alado viene a representar la libertad y el libre pensamiento que Pi y Margall defendió hasta los últimos días de su vida.

En el cementerio existen otras tumbas de personajes que tuvieron una relación directa con la masonería, como la famosa columna partida con la escultura de la escuadra y el compás entrelazados, insignia universal de la masonería. El lazo entre ambos está hecho según la forma del llamado "lazo de amor", es decir, "amor partido para el Oriente Eterno". El mensaje de esta tumba anónima es, tal vez, el más significativo del cementerio.

El sepulcro de la **familia Serna Alonso Sanz San Miguel** fue encargado por el masón Francisco Sanz, que allí reposa. La parte frontal presenta un triángulo masónico donde se puede leer el epitafio: "Sonreídme, que voy a donde estáis vosotros, los de siempre".

En la discreta sepultura de **Antonia Rubio**, masona del Rito Femenino, se pueden ver la escuadra y el compás entrelazados e inclinados hacia unas hojas de acacia, que en el simbolismo masónico representan la iniciación y la inmortalidad.

Por último, y sin citarlas todas, están las tumbas de Julián Sanz del Río (1869), Fernando de Castro (1874), Pablo Iglesias (1925) y Julián Besteiro (1940).

El cementerio fue construido casi un siglo y medio después de la aparición, en 1728, de la primera logia masónica en España, formada en Madrid por Philippe Duque de Wharton, ex Gran Maestro de la Gran Logia de Inglaterra.

LA FLORACIÓN DE LOS ALMENDROS DE LA QUINTA DE LOS MOLINOS

Quinta de los Molinos
Miami, 5 y Alcalá, 527
• Segunda y tercera semana de marzo
• Horario: todos los días de 6.30 a 22h
• Metro Suances

> *Un parque de cuento japonés*

Al finalizar el invierno, el Parque Quinta de los Molinos ofrece un hermoso espectáculo natural: la floración de más mil almendros. Esto ocurre durante la segunda y la tercera semana de marzo y permite ver un manto de color blanco y rosa, una suerte de estampa japonesa, que no se repite en otra época del año.

Además de los almendros, que hacen de la Quinta de los Molinos un parque único en su género, el paseante también puede disfrutar de decenas de olivos, abedules, celindos, eucaliptos, mimosas, y grandes y espesos arbustos que le dan un toque silvestre al parque. A lo largo de los senderos y caminos que atraviesan las 25 hectáreas de parque se pueden ver hiedras, petunias, aligustres, lirios y un sinfín de flores y arbustos. En la zona norte se ubica la llamada Casa del Reloj, donde hasta hace unos años se impartían clases de jardinería, y también el palacete de aires vieneses, construido en 1925.

El nombre del parque proviene de los dos molinos de viento que todavía pueden verse en la zona del palacete, y que representan la punta del iceberg del complejo sistema de circulación que utilizaban. Este sistema de riego tenía su origen en los pozos y manantiales descubiertos al construir la finca. Para almacenar y distribuir el agua se construyeron varias albercas, embalses y fuentes que a su vez cumplieron –y hasta hoy cumplen– una función ornamental.

La Quinta de los Molinos perteneció al conde de Torre Arias, quien a principios del siglo XX lo cedió –a modo de regalo– al arquitecto alicantino César Cort Boti, profesor de Urbanismo en la Escuela de Arquitectura y concejal del Ayuntamiento. Cort adquirió las propiedades aledañas hasta llegar a sumar casi treinta hectáreas de terreno, donde construyó un inmenso jardín de tipo mediterráneo. Hacia 1982 los herederos de Cort llegaron a un acuerdo con la Gerencia Municipal de Urbanismo y cedieron al Ayuntamiento tres cuartas partes de la propiedad. El resto, más o menos cinco hectáreas de terreno de una zona no arbolada, fue utilizado para un proyecto inmobiliario. Gracias a este acuerdo el parque fue abierto al público y hoy es todo un privilegio poder pasear por una isla verde en la que no abundan los visitantes.

HUELLAS DE LA GUERRA CIVIL EN EL PARQUE EL CAPRICHO

Alameda de Osuna s/n
• Horario: sábados, domingos y festivos de 9 a 18.30h (del 1 de octubre al 31 de marzo). Sábados, domingos y festivos de 9 a 21h (del 1 de abril al 30 de septiembre)
• Metro El Capricho

> *Un búnker y un polvorín*

El Capricho es el parque romántico más bello de la ciudad, pues conserva cierto aspecto onírico que hace de él un parque distinto del resto. Quizá es por esto que está prohibido visitarlo en bicicleta, con mascotas o incluso llevar comida. Fue mandado construir por doña María Josefa Alonso Pimentel, duquesa de Osuna, a finales del siglo XVIII. Su proyecto obedecía al deseo de poseer un rincón donde plasmar su gusto por las tendencias tan de moda en la época. Fue por eso por lo que mandó construir un palacete rodeado de unos jardines a los que no les faltaba detalle, desde el laberinto de arbustos, la exedra con las esfinges hasta el templete griego dedicado al dios Dioniso.

El parque también ha pasado por épocas complicadas, como cuando el ejército francés utilizó las dependencias como campamento para sus soldados, durante la Guerra de la Independencia, a principios del siglo XIX. Una vez finalizada la guerra, y de nuevo en manos de sus legítimos dueños, pasó por la historia sin pena ni gloria, lejos quedaron las fastuosas celebraciones que solía organizar la duquesa de Osuna. No fue hasta la II República cuando se declaró Jardín Histórico, aunque en pocos años se convertiría en un enclave estratégico para la defensa de la capital durante la Guerra Civil. En aquellos tiempos el general José Miaja instaló en el parque el cuartel desde donde dirigió la defensa de Madrid. Bajo la amenaza de la invasión de la capital por parte de las tropas rebeldes, el Estado Mayor del Ejército del Centro se trasladó al búnker que había ordenado construir el general, donde más tarde se decidiría la rendición de Madrid.

El búnker, de unas dimensiones considerables, se encuentra junto al palacete, mientras que a la entrada del parque se situó el polvorín que abasteció a gran parte de sus tropas. En la actualidad se encuentran cerrados al público aunque durante la visita al parque se pueden ver las puertas de acceso y los respiraderos.

En los años sesenta el parque fue uno de los escenarios del rodaje de la película *El Doctor Zhivago*.

UN ERMITAÑO QUE NO PODÍA CORTARSE EL PELO...

La duquesa de Osuna también mandó construir un embarcadero y una ermita para la que contrató a un ermitaño al que, según fuentes de la época, obligó a no cortarse el pelo.

CALLE MARIO ROSO DE LUNA

• Metro El Capricho

***Un mago
en la ciudad***

Cerca de la calle Ingenieros Hermanos Granda se ubica la calle Mario Roso de Luna, en honor al mayor decano de la Tradición Arcaica que la península ibérica ha conocido en los últimos siglos.

Mario Roso de Luna nació el 15 de marzo de 1872 en Logrosán (Cáceres) y murió en Madrid el 8 de noviembre de 1931. Fue un hombre de letras, científico y espiritualista, astrónomo, periodista, escritor y teósofo al que Madrid ha querido homenajear con una calle.

A muy temprana edad, Roso de Luna ya mostraba dotes de niño prodigio pues sus facultades psíquicas y mentales eran distintas a las del humano promedio. A los 18 años, Roso de Luna ya era bachiller de Ciencias Jurídicas y Sociales, y en 1894 se doctoró en la misma disciplina. En 1901 obtuvo un nuevo bachillerato, esta vez en Ciencias Físico-Químicas. También sintió un gran interés por la astronomía y en 1893, cuando tenía 21 años, descubrió un cometa que desde entonces lleva su nombre.

Conocido como el "Mago Rojo de Logrosán", a Roso de Luna le gustaba autodefinirse como "teósofo y ateneísta". En efecto, fue un miembro muy importante del Ateneo Científico y Literario, institución cultural fundada en 1835 (ver página 133), cuyos antecedentes remiten a los madrileños liberales del siglo XIX. Una de las características más singulares del Ateneo es que estuvo integrado por grandes figuras de la masonería y la teosofía de finales del siglo XIX y primera mitad del XX. Por ello se hizo conocido en ciertos círculos como el Ateneo Teosófico de Madrid.

Roso de Luna entró en contacto con la masonería por primera vez en Sevilla. Fue iniciado en la logia Isis y Osiris el 8 de enero de 1917, donde era Venerable Maestro Diego Martínez Barrio, y adoptó el nombre simbólico de "Prisciliano". Fue así como entró a formar parte de la logia Gran Oriente Español, bajo la tutela de la Gran Logia Simbólica Española del Rito de Memphis-Misraim. En 1918, Roso da Luna fundó Miajadas, cerca de Logrosán, una Logia del Rito Simbólico, donde alcanzó el grado 33 de la masonería.

En esa época la mayoría de masones madrileños y extremeños eran teósofos. Roso de Luna estaba afiliado a la Sociedad Teosófica fundada por Madame Blavatsky en el siglo XIX. Antes también estuvo afiliado a una logia teosófica en Londres, mucho antes de su ingreso oficial en la masonería.

Viajero incansable, Mario Roso de Luna realizó como teósofo un infatigable trabajo de divulgación. Tradujo al castellano las obras de Helena Blavatsky y escribió una larga serie de libros propios, agrupados en la llamada *Biblioteca de las Maravillas*. Roso de Luna aplicó la doctrina teosófica a múltiples campos, como la musicología (*Beethoven, teósofo*, y *Wagner, mitólogo y ocultista*), la sexología (*Aberraciones psíquicas del sexo*), la mitología árabe (*El Vuelo de Isis*), los mitos precolombinos (*La ciencia hierática de los mayas*) y el folclore español (*El libro que mata a la muerte*), y también al totalitarismo (*La Humanidad de los Césares*), donde rechaza cualquier tipo de dictadura religiosa o laica y demuestra su preocupación por las cuestiones sociales, como quedó patente en 1905 cuando creó un proyecto de Escuela-Modelo para la educación y enseñanza de niños con discapacidad intelectual.

Roso de Luna dejó un voluminoso y prolífico trabajo publicado en la prensa de la época. En sus artículos y ensayos, además de divulgar las ancestrales ideas espirituales del hombre moderno, también hablaba de los recientes descubrimientos científicos y tecnológicos a favor de la idea de auto realización individual y progreso social.

En Logrosán también lleva su nombre el Instituto de Estudios Mario Roso de Luna, así como una calle de Cáceres y otra de Mérida.

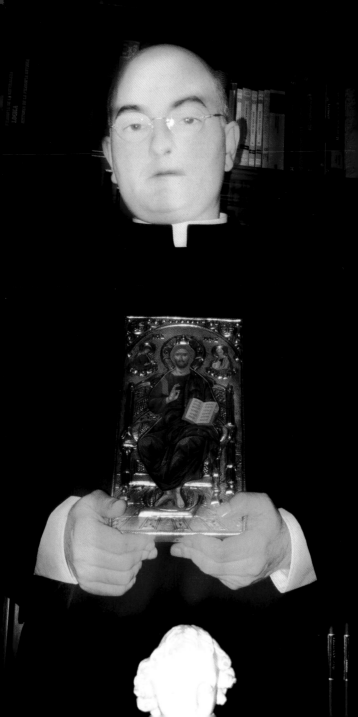

EL EXORCISTA DE LA PARROQUIA NUESTRA Ⓩ SEÑORA DE ZULEMA

Av de Nuestra Señora de Belén, 29
Alcalá de Henares
• Tren de Cercanías: La Garena
• www.fortea.ws

*El exorcista
vive
en Madrid*

En una ciudad que tiene un monumento a Lucifer (ver pág. 35) y otro a Fausto (ver pág. 231), donde abundan las historias de fantasmas (ver pág. 110 y 113) y donde existe una leyenda que cuenta cómo Satán escondió a un capitán francés en un campanario cerca de la Puerta del Sol (ver pág. 127), la presencia de un exorcista no resulta sorprendente.

El único exorcista activo en España se llama José Antonio Fortea y vive a media hora de Madrid, en Alcalá de Henares. La parroquia donde el cura suele dar misa no es un recinto espectacular en cuanto a arquitectura; es una construcción moderna, que además de congregar a cientos de creyentes y practicantes de la fe católica, es un lugar de encuentro –y una posible salvación– para las personas que supuestamente han sido poseídas por el demonio.

Cuenta el padre Fortea que cuando las personas son poseídas suelen presentar similares características: expulsan una baba blanca, entran en trance, blasfeman en lenguas muertas, ladran como perros y sienten una aversión física a la palabra de Dios, o a cualquier objeto que lo represente.

Según la tradición católica, el origen de la posesión se relaciona con actividades espiritistas, como jugar a la ouija, o practicar algún rito perteneciente a la santería cubana*. Otras prácticas, que no implican la invocación de espíritus, como es el caso de la lectura del Tarot, no representan ningún riesgo demoníaco, aunque sí es cierto que están prohibidas.

Muchos de los casos que el padre Fortea ha tratado no han sido considerados "posesiones" sino brotes sicóticos, como la esquizofrenia paranoide o las crisis de ansiedad. El padre sabe que se enfrenta a un caso demonológico cuando la persona rechaza cualquier tipo de oración. Por ello, antes de cualquier práctica, mantiene una larga conversación con la persona, donde hace un análisis exhaustivo de su situación para luego dictaminar si, efectivamente, se trata de una posesión o de un caso psiquiátrico.

El rito de exorcismo se lleva a cabo en la iglesia, ante la presencia de familiares y amigos de la persona poseída. El padre Fortea reza oraciones conjuratorias y, a través de ellas, lucha contra el demonio para que éste abandone el cuerpo de la persona. La cantidad de sesiones necesarias es variable.

> El padre Fortea realizó una tesis sobre el exorcismo y ha sido autorizado por el mismo Vaticano para poner en práctica sus conocimientos. Además, es autor de innumerables libros sobre el tema. El más reciente es *Memorias de un exorcista*, donde cuenta las vicisitudes de un sacerdote entregado a la lucha diaria contra el demonio.

* Santería cubana: prácticas fruto de la mezcla entre la religión católica y la tradición yoruba

CATEDRAL DE DON JUSTO

Calle del Arquitecto Antonio Gaudí, 2
Mejorada del Campo
• Autobús 282 desde el intercambiador de Avenida de América debajo del
Metro Avenida de América

> *Una
> catedral
> hecha
> de materiales
> reciclados*

Una de las catedrales más insólitas del mundo se encuentra, fruto de una rara coincidencia, en la Calle del Arquitecto Antonio Gaudí, en Mejorada del Campo. Este curioso monumento es la obra del octogenario Justo Gallego Martínez, que desde hace casi medio siglo dedica toda su energía a la construcción de este templo original, edificado por él solo, con materiales reciclados.

Don Justo, que tuvo que abandonar en su juventud su vocación religiosa a causa de la tuberculosis, decidió en 1961 dedicar su vida a la construcción de esta catedral consagrada a la Virgen del Pilar, y así lo hizo día tras día, realizando un trabajo de hormiga que al principio no fue tomado en serio. Arquitecto autodidacta, el hombre fue creando la sorprendente estructura que hoy puede verse sobre unos terrenos heredados de sus padres, sin licencia de construcción, y sin ningún apoyo institucional o de la Iglesia. Comenzó financiando su monumental proyecto con la venta de sus posesiones, pero con el tiempo fue recibiendo otras donaciones voluntarias. Tampoco existen planos, salvo los que él tiene en su cabeza, y para suplir la falta de formación

especializada, Justo encontró inspiración consultando libros sobre castillos y catedrales.

Los materiales empleados son de todo tipo, como la rueda de bicicleta que le sirve de polea, las columnas encofradas con bidones de productos químicos, o los arcos logrados a partir de neumáticos de camiones. Don Justo calcula que aún le faltan 15 años para terminar su obra, pero lo que en un principio pudo parecer un desvarío, actualmente cuenta con una cúpula de 11 metros de diámetro y 40 de alto. Y en el interior, un montón de viejas sillas de escuela esperan el turno de misa.

AHORA QUE YA NO PUEDO SERTE UTIL,
NI OBEDECERTE MAS
NI DARTE COMPAÑIA
DESPUES DE QUE TE ENTREGUE TODA MI VIDA,
DEMUESTRA QUE TU TAMBIEN FUISTE MI AMIGO.

Martin Vigil

EL ÚLTIMO PARQUE

Antigua Ctra. Valencia Km. 30,400 - Arganda del Rey
- Tel.: 91 459 00 00
- Horario de invierno: sábados de 10 a 14h y de 15.30 a 18h
- Horario de verano: sábados de 10 a 14, y de 16.30 a 19.30h

Un cementerio para animales

Si el culto que los antiguos egipcios rendían a los gatos fallecidos llegaba a tal punto que las personas se afeitaban las cejas en señal de duelo, en Madrid, en El Último Parque los animales de compañía pueden ser enterrados en tumbas de mármol italiano y con la misma solemnidad que en cualquier cementerio para humanos.

El recinto se ubica en medio de un bosque de pinos, alejado del ruido de la ciudad, en un entorno realmente apacible. Se pueden ver hasta 4.000 tumbas de mascotas (perros, gatos e incluso monos), con diferentes inscripciones y ornamentos. En El Último Parque yacen animales heroicos, como el Yorkshire Terrier al que le cayó una bala perdida mientras se encontraba en los brazos de su dueña, o un Mastín que llegó a engendrar más de 200 cachorros. Mientras uno pasea por este gran parque puede deducir, de los epitafios o los recuerdos sobre las tumbas, el tipo de relación que los dueños tenían con sus mascotas. Algunos incluso les dejan botellas de agua, por si llegaran a tener sed en el más allá.

Desde julio de 1983, El Último Parque ofrece recoger a su mascota (o amigo, como prefieren llamarlo) donde ha fallecido y organizar su entierro (también ofrece un servicio de cremación).

Se puede elegir entre distintos tipos de lápidas y tumbas, pueden ser de mármol o granito, con inscripciones en distintas tipografías. Las hay más lujosas y exclusivas, las llamadas de honor, ubicadas en la zona más representativa del cementerio. Son tumbas que lucen elegantes lápidas y llevan inscritos el nombre de la mascota y alguna frase que recuerda su paso por el mundo. Quienes no disponen de un presupuesto demasiado holgado pueden elegir entre fosas más modestas. Una de las ventajas de este cementerio para animales es que garantizan una concesión ilimitada: si abonan una cuota anual no tienen por qué preocuparse del futuro de la fosa. Los precios de entierro y fosa oscilan entre los 300 y los 4.000 euros.

También existe un cementerio para animales en Asnières, cerca de París (ver guía del mismo editor, sólo disponible en francés, *Banlieue de Paris insolite et secrète*), y otro en Hyde Park (ver la guía *Londres insólita y secreta*).

En Madrid, el Palacio de Liria (ver página 63) esconde también un pequeño cementerio donde reposan los restos de las mascotas de la duquesa de Alba (perros y loros).

ÍNDICE ALFABÉTICO

ÍNDICE ALFABÉTICO

ÍNDICE TEMÁTICO

ARQUITECTURA

ESOTERISMO

HISTORIA

ÍNDICE TEMÁTICO

NIÑOS

RELIGIÓN

Créditos fotográficos

Todas las fotos son de **Manuel Vázquez** excepto:

María Antón: páginas 29, 235.
Cristina Hidalgo: página 77.
Thomas Jonglez: páginas 63, 133, 134, 137, 153, 163.
Carol Martínez: página 237.
Chino Miguel: páginas 61, 65, 143, 155, 185.
Erik Mólgora: páginas 19, 31, 51, 57, 95, 99, 103, 105, 109, 125, 127, 167, 169, 205, 212, 231.
Camilo Ospina: página 241.
Sergio Padura: página 203.
Ida Plaza: página 47.
Mali Ramírez: páginas 119, 165, 175.
Lucrecia Salgari: páginas 23, 33, 43, 67, 93, 141, 189, 199, 214, 217.
Manuel Villate: páginas 83, 115.

Las siguientes fotos son cortesía de:

Página 21: Fundación Carlos de Amberes
Página 24: Biblioteca Nacional de España
Página 54: Museo de la Farmacia Hispana
Página 75: Asociación Grama
Página 85: Salvemos el Frontón Beti-jai
Página 89 y 91: Emanuela Gambini
Página 116: Congreso de los Diputados
Págna 121: El Deseo Producciones
Página 123: Joyería Grassy
Página 139 Ateneo de Madrid
Página 201: Fundación Infante de Orleáns. Javier Guerrero e Ismael Abeytua.

Algunos textos fueron escritos por:

Vitor Manuel Adriào: páginas 26, 35, 37, 69, 113, 127, 128, 134, 144, 171, 173, 186, 207, 215, 218, 231, 232, 238.
Mili Crespo: páginas 17, 91 y 229.
Carol Martínez: página 237.
Natalia Pianzola: páginas 21, 41, 49, 53, 54, 55, 71, 81, 169, 211, 227, 243.

Agradecimientos: María Antón, Cristina Aranda, Ciro Arbós, Manuel Ayllón, Comandante Gabriel Balaguer Cortés, Fiorella Battistini, Carpetania Madrid, Manuel Bauer, José Bonifacio Bermejo, Yago Carrasco, Cristina Colmenar, Instituto Cervantes, Mili Crespo, Marina Díaz, Giselle Etcheverry, Óscar Fernández, Niko Fryd, Emanuela Gambini, Nabila Giha, Nicolás Giha, Mercedes Gómez, Juan Carlos González Morales, Miguel González, Mónica González Raaijen, Rosa González Cebrián, Igor González Martín, Álvaro Hacar, Alfonso Herrán, Gonso Lara, Pilar Magnet, Beatrice Marcus, Ana Martín, Carolina Martínez, Eugenia Mazuecos, Ismael Millán, Eric Mólgora, Marianela Muro, Félix Piñuela, Sergio Padura, Silvia Pérez López, Ida Plaza, Pilar Quiñónez, Mali Ramírez, Carmen Rodríguez, Martín Rodríguez, Paz Sufrategui, Comandante Enrique Tabanera, Celia Teves, Tevi de la Torre, Morgana Vargas Llosa, Cristina Vázquez, Manuel Vázquez, Manuel Villate, Diana Wolfenzon.

Cartografía: **Cyrille Suss** · Diseño: **Roland Deloi** · Maquetación: **Stéphanie Benoit** · Corrección de estilo: **Patricia Peyrelongue** y **Maria Victoria Grasset**

Conforme a la ley vigente (Toulouse 14-01-1887), el editor no será responsable de los errores u omisiones involuntarios que puedan aparecer en esta guía, a pesar de nuestra diligencia y las verificaciones por parte del equipo de redacción.

Se prohíbe la reproducción total o parcial de este libro sin la autorización previa del editor.